공부보다

공부그릇

공부보다 공부그릇

2판 1쇄 발행 2024년 2월 25일

지은이 심정섭
발행인 조상현
마케팅 조정빈
편집인 김주연
디자인 Design IF
펴낸곳 더디퍼런스

등록번호 제2018-000177호
주소 경기도 고양시 덕양구 큰골길 33-170 (오금동)
문의 02-712-7927
팩스 02-697-1237
이메일 thedibooks@naver.com
홈페이지 www.thedifference.co.kr

ISBN 979-11-6125-440-1 (03370)

공부보다
공부그릇

심정섭 지음

더디퍼런스

미래를 대비하는
공부 그릇

공부 그릇이란 무엇인가?

'공부 그릇'이라는 말이 요즘 자주 쓰인다. 필자는 본격적으로 자녀 교육서와 교육 관련 글을 쓴 2009년부터 공부 그릇이라는 말을 자주 했다. '공부 그릇' 대구 개념은 '공부 내용' 혹은 '커리큘럼', '공부 방법'이라고 할 수 있다. 우리나라에서 유행하는 대부분의 공부법이나 공부 로드맵에 대한 책은 바로 공부 내용을 이야기한다. 어느 시기에 어떤 책과 문제지를 풀고, 어디 학원에서 어떤 프로그램을 해야 한다고 한다. 하지만 정말 중요한 것은 이런 학습을 하기 전에 과연 아이가 그 모든 것을 받아들이고 소화시킬 수 있는 그릇을 가지고 있느냐이다.

비유하자면 공부 그릇은 컴퓨터의 하드웨어이고, 공부 내용이나 특정 프로그램은 소프트웨어라고 할 수 있다. 아무리 좋은 소프트웨어가 있어도 컴퓨터의 중앙처리장치(CPU)와 주기억장치(RAM), 하드디스크가 어느 정도 용량이 되어야 제대로 돌아갈 수 있다. 물론 하드웨어는 고성능 컴퓨터인데 소프트웨어가 별로인 경우도 있다. 하지만 지금 우리 교육 현실은 좋은 소프트웨어는 넘쳐 걱정할 필요 없다. 어려서부터 다양한 교구와 교재, 수많은 사교육과 각종 교육 프로그램을 접한다. 그런데 요즘 아이들의 학력은 좋은 교재와 프로그램이 없던 시절에 비해 월등히 나아졌다고 말하기 힘들다. 유튜브와 컴퓨터 게임에 지나치게 노출된 가운데 점점 간단한 몇 줄의 글도 제대로 읽고, 깊은 생각을 하지 못하는 아이들이 늘고 있다.

인풋(Input)보다 중요한 인테이크(Intake)

공부 그릇을 인풋과 인테이크라는 개념을 통해서 설명할 수 있다. 현재 우리 교육은 아이들의 머릿속에 무엇을 넣어 줄까 즉, 인풋(input)에 관심이 많다. 영어 단어, 수학 공식 등 여러 가지 지식을 많이 넣어 주려고 한다. 특정 시기에 제대로 된 인풋이 없으면 아이는 경쟁에서 뒤처지고 공부로 승부를 볼 수 없다고 생각한다. 문제는 많이 들어간 지식이 과연 아이의 두뇌 속에서 제대로 처리되고 자기만의 지식으로 체계화되느냐 이다. 마치 아이들이 많이 먹는 것에 비해, 음식물이 제대로 몸속에서 소화 흡수되지 못하고 변으로 전부 나오는 것과 비슷하다.

필자는 대학 편입 영어를 가르치며 왜 기초가 안 된 편입생들이 중학교 2학년 때부터 나오는 "시간이나 조건의 부사절(adverbial clause)에서 현재가 미래를 대신한다."는 영어 시제(tense) 문법 문제를 계속 틀리는지 의아했다. 이 내용은 중·고등학교 내신과 수능 어법 문제에도 나온다. 그리고 중·고등 6년 내내 반복적으로 설명되는 내용이다. 20년간 영어를 가르치며 필자가 느낀 결론은 '단순히 선생님 설명을 듣고, 비슷한 문제를 풀어 보았을 뿐, 제대로 깊이 생각하고 자기 것으로 소화시키지 않았기 때문'이다. 우선 스스로 생각해 본다면, 절(clause)이 무엇이고, 부사절과 명사절은 어떻게 다른지 물어보지 않을 수 없다. 스스로 생각하고, 물어보고 대답하며 자기 것으로 소화하는 과정이 없는 인지 학습은 금방 날아가 버리는 '휘발성' 학습이다. 뿌리를 내리고 싹을 틔우고 열매를 맺을 수 없다. 한 마디로 공부한 것처럼 착각하는 '가짜 공부'이지, '진짜 공부'가 아니다.

그러면 배운 지식을 최대한 소화시켜 내 것으로 만드는 공부, 즉 인테이크(intake)가 잘 되는 공부를 위해서 무엇이 필요할까? 바로 좋은 '공부 그릇'이 있어야 한다.

자동차로 비유하면 좋은 엔진이 있어야 연료를 넣은 만큼 좋은 출력을 얻을 수 있다. 자동차 엔진 가운데 같은 기름을 넣고도 오래 달릴 수 있는 차를 연료 대비 에너지 효율이 좋은 차 즉, 연비가 좋은 차라고 한다. 어떤 차는 기름 1리터를 넣고 8-9km 가고, 어떤 차는 15km를 간다. 휘발류와 전기를 같이 쓰는 하이브리드 엔진은 20km까지 간다. 하이브리드 엔진은 공부로 말하면 혼자 하는 공부가 아닌, 협업적 공부(collaborative study), 토론식 공부, 상호작용적(interactive) 공부라고 할 수 있다.

이렇게 공부 그릇은 컴퓨터로 치면 하드웨어, 자동차로 치면 엔진과 같다. 그런데 지금 우리나라에서 공부에 대한 많은 이야기는 공부 그릇보다는 학원과 문제지로 대표되는 프로그램에 초점이 맞춰 있다. 엔진은 좋지 않은데, 썬루프를 달았는지, 차 색깔이 어떤지 등 덜 중요한 옵션에만 집착하는 듯하다.

공부 그릇 3가지

공부 그릇은 크게 3가지라고 할 수 있다. 바로 몸, 마음, 머리이다. 건강하고 지구력 있는 '몸', 평안한 '마음', 깊이 사고하고 표현할 수 있는 '머리'이다. 가장 기본적인 세 가지 공부 그릇은 학교나 학원보다 가정에서 길러진다.

미래 교육에서 공부 그릇

아이가 어려서부터 제대로 된 공부 그릇이 길러졌다면 앞으로 입시나 이후 여러 가지 시험에서 좋은 점수를 받아 명문 대학에 가고, 이른바 좋은 직장을 얻을 가능성이 많다. 그런데 현명한 부모라면 자녀 교육의 목표를 명문 대학 입학에만 초점을 맞춰서는 안 된다.

3차 산업 혁명 시대에 국·영·수 문제를 잘 풀어서 얻을 수 있는 일자리는 회사원과 공무원 등 이른바 주어진 일, 시키는 일을 잘하는 직종이었다. 앞으로 인공 지능 시대, 4차 산업 혁명 시대는 이런 일자리는 점점 줄어든다. 많은 석학들이 예언한 대로 우리가 아는 직업의 반이 없어지고, 생소한 직업이 1/3 이상 등장한다고 한다.

한 중학생 아이의 진로 상담을 한 적이 있다. 특목고에 진학해서 명문대 신방과에 가고, 이후 '무한도전' 김태호 PD 같은 예능 PD가 되고 싶다고 하기에, 이런 질문을 했다.

"앞으로 네가 사회에 나오는 10년 뒤에도 공중파 방송사에서 공채로 PD를 뽑을까?"

지금도 공중파 방송보다 유튜브를 더 많이 보는 시대이다. 언론고시를 보고 공채로 들어온 PD보다 각 분야의 전문 유튜버가 더 좋은 미디어 콘텐츠를 만들기도 한다. 또한 국·영·수를 잘해서 명문대 신방과에 가고 100대 1이 넘는 경쟁을 뚫고 PD가 되어도, 10-20년 동안 유튜브나 다른 미디어 플랫폼과 경쟁해 직업을 유지할 지도 미지수이다.

그래서 이 아이에게 이렇게 조언했다.

"앞으로 네 꿈을 10년 뒤에 큰 방송국 PD가 되는 거로 정하지 말고, '미디어 콘텐츠 크리에이터'라는 더 큰 상위 개념을 생각해 보는 게 어떨까? 그 꿈을 이루기 위해 네가 제일 잘할 수 있는 콘텐츠를 먼저 찾고, 콘텐츠를 표현할 수 있는 미디어 기술을 하나씩 배워 가는 방향으로 진로를 설정하면 어때? 이렇게 생각한다면 바로 신방과에 가기보다, 내가 제일 좋아하고 잘할 수 있는 주제를 찾고, 오히려 전공은 컴퓨터나 미디어 편집 기술을 배우는 쪽으로 찾아볼 수 있지 않을까?"

이렇게 진로에 대해 좀 더 큰 그림을 그려 본다면 미래 시대의 핵심 역량이 무엇인지 분명해진다. '미디어 콘텐츠 크리에이터'가 되기 위해 필요한 핵심 역량은 국·영·수 문제를 잘 푸는 능력만이 아니다. 우선 떠오르는 것은 호기심, 관찰력, 끈기, 소통 능력, 영상 편집 능력, 외국어 구사 능력(영어권 유튜브 검토) 등이 있다.

이런 의미에서 미래 시대의 공부 그릇은 단순히 국·영·수 문제를 잘 푸는 능력에만 국한되지 않는다. 체력과 편안한 마음, 그리고 독서 토론 능력이라는 공부 그릇으로 내가 좋아하고 잘할 수 있는 일을 찾아서 행복한 인생을 만들기 위한 평생의 공부 하드웨어와 엔진을 기르는 것이 바람직한 교육 목표이다.

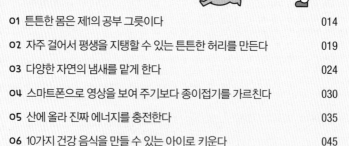

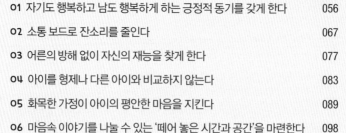

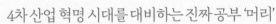
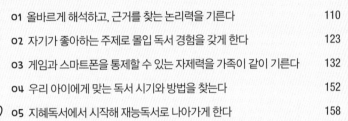

첫
째
마
당

너무 중요하지만,
간과되는 '몸'

01

튼튼한 몸은
제1의 공부 그릇이다

몸 때문에 공부에 집중하지 못하는 아이들

정운(가명)이는 한창 집중해서 공부해야 하는 고3이다. 그런데 오늘도 학원을 결석했다. 일주일에 한두 번은 결석하거나, 오는 날도 지각이 잦다. 병원에 가야 하기 때문이다. 키 180cm에 몸무게는 110kg에 육박하는 정운이는 이미 각종 성인병을 달고 산다. 고혈압과 고지혈증, 당뇨 등으로 일주일에 한 번 이상 병원에 간다.

고3 때는 높은 집중력이 필요한 시기이다. 그리고 정말 시간을 아껴서 공부해야 한다. 대학 진학을 생각하는 모든 아이들이 정신 차리고 공부하기 때문에, 웬만큼 노력해서는 고3 때 석차를 올리기 쉽지 않다. 그런 상황에서 공부를 안 하거나 공부 시간이 줄면 등수나 점수는 급격하게 떨어지게 된다. 이런 소중한 고3 시간을 병원 오가는 길에 낭비하는 아이들을 자주 본다. 병원 한 번 가는 날은 공부할 수 있는 시간이 절반은 준다. 한참을 기다려서 의사 선생님 진료를 받고, 각종 검사를 받는다. 큰 병원이면 절차마다 오랜 대기 시간이 있다. 병원이 집 앞에 있는 것이 아니라면 오가는 시간도 무시할 수 없다.

정운이는 병치레로 낭비하는 시간이 많아서, 공부 시간 중 한 시간을 빼서 꾸준히 운동하는 게 어떠냐고 제안했다. 수업 시간에도 피곤해 하고, 집중하지 못하는 경우가 많았기 때문이다. 마침 학원 건물 지하에 피트니스 트레이닝 스튜디오가 있어서, 수업 전에 한 시간 운동하고 오기를 권했다. 하지만 정운이와 어머니는 이 제안을 쉽게 받아들이지 못했다. 가뜩이나 병원 다니며 낭비하는 시간이 많은데 매일 한 시간을 운동으로 할애할 마음의 여유가 없었기 때문이다. 또한 평소에 하지 않던 운동을 갑자기 하는 데도 큰 결단이 필요했다.

많은 학부모들이 그나마 여유 있는 유·초등 때조차 아이가 운동하는 시간을 아까워한다. 특히 아이가 공부를 잘해서 좋은 대학에 진학할 가능성이 높은 경우, 부모들은 아이 스케줄에 영어나 수학, 논술을 한 시간 더 넣고, 운동 시간을 줄이는 것을 진지하게 고민한다. 하지만 아이가 앞으로 중·고등학교 6년의 긴 레이스를 흔들림 없이 완주하려면 가장 중요한 부분이 체력이다. 정말 중요한 시기인 고2, 고3 때 병원을 들락거리며 시간 낭비하는 일이 없으려면 아이가 한 살이라도 어릴 때 운동하게 하고 좋은 음식을 먹도록 챙기는 것이 부모의 가장 큰 역할이다.

진짜 우등생은 운동을 한다

많은 사람들이 생각하는 전교 1등의 모습은 어떨까? 두꺼운 안경을 끼고, 쉬는 시간에 책상에 앉아 공부하고, 체육이나 몸 움직이는 것을 싫어하고, 늘 구석에 앉아서 책만 보는 아이일까? TV나 영화에서는 이른바 등장인물의 캐릭터를 잡아야 하기 때문에 공부 잘하는 아이들을 이런 모습으로 전형화해서 보여 준다. 하지만 실제 전교 1등은 이런 모습과 거리가 멀다.

이와 함께 부자들의 모습 역시 TV에서 이미지 왜곡이 가장 심하다. 대부분 가난한 사람을 조롱하고 못살게 구는 악한 사람으로 등장한다. 서민 주인공이 부잣집 딸이나 아들과 연애하면 찾아가서 면박을 주고, 물컵을 얼굴에 뿌리며 '얼마면 우리 아이와 헤어지겠니?'라고 말한다. 몸에는 값 비싼 명품을 걸치고, 돈을 물 쓰듯 하는 사람들로 그려진다.

하지만 정작 많은 평범한 사람들 주변에는 진짜 부자가 없다. 단지 부자들은 그럴 거라고 생각하고, 그들의 속물근성을 욕한다. 하지만 필자가 아는 대부분의 자수성가 부자들만 해도 TV에서 그려지는 모습과는 거리가 멀다. 많은 부자들이 아침에 일찍 일어나고, 나름의 운동을 하고, 책을 보고, 신문을 꼼꼼히 읽는다. 오히려 생활도 훨씬 검소하다. 돈을 허투루 쓰지 않고, 돈을 써야 할 때는 확실히 투자한다.

마찬가지로 필자가 만나 본 전교 1등 아이들도 하루 종일 책상에 앉아 공부만 하는 것은 아니었다. 선천적으로 운동 신경이 부족해 운동을 싫어하는 아이도 있지만, 대부분 놀 때는 확실히 놀고, 공부할 때는 확실히 공부한다. 그리고 놀 때는 땀 흘려 운동하는 경우가 많다. 필자가 고1 때, 우리 고등학교에 전설적인 전교 1등 고3 형이 있었다. 모의고사가 아무리 어려워도 이 형의 점수는 흔들린 적이 없다. 학교에서는 고3 최상위권 학생들을 위한 별도의 독서실을 제공했는데, 필자는 가끔 그 형이 어떻게 공부하나 유심히 지켜보았다. 그는 정규 수업이 끝나면 친구들과 저녁을 먹고, 30분 정도 신나게 농구를 했다. 거의 매일 농구를 해서 그런지 실력도 수준급이었다. 수돗가에서 땀을 씻은 후 도서관에 들어가 30분을 엎드려 잤다. 그리고 일어나 3-4시간 동안 엄청난 집중력을 보이며 공부했다. '몰입해서 공부한다는 게 저런 모습이구나!'라는 생각이 들었다.

공부 좀 하는 아이들이 공부만 하는 게 아니라 틈틈이 운동한다는 너무나 상식적인 사실은 서울대에 가서도 확인할 수 있었다. 모든 서울대생들이 땀 흘려 운동하는 것을 좋아하고, 수준급으로 운동을 잘하는 것은 아니지만, 대다수의 학생들은 수업 중간 또는 도서관에서 공부하다 집중력이 떨어지면 밖으로 나와 간단한 운동을 했다.

왜 이런 모습이 나타날까? 집중해서 책을 읽고, 배운 내용을 기억하거나 암기하는 인지적인 공부는 뇌에 상당한 무리를 준다. 뇌가 어느 정도 일하고 난 후에는 뇌에 충분한 혈류를 공급할 필요가 있다. 이때 간단한 운동이나 땀 흘림을 통해 뇌에 새로운 혈액과 산소를 공급할 수 있다. 진짜 공부 잘하는 아이들은 간단한 운동을 하거나, 어느 정도 땀을 흘리고 잠깐 자고 일어나 공부하면 훨씬 공부가 잘 된다는 것을 경험으로 알고 있다. 오히려 어정쩡하게 공부하는 흉내만 내는 아이들이 하루 종일 책상에 앉아 공상을 하거나 조는 경우가 많다.

"옆집 누구는 하루 종일 앉아서 공부만 한다는데, 너는 운동할 시간이 어디 있어?"라고 아이를 닦달하는 부모가 있다면, 진짜 전교 1등과 서울대생은 어떻게 공부하는지 관찰하는 시간을 가져 보자. 하루 종일 앉아서 공부만 하는 전교 1등은 거의 없다.

⊕⊖⊗⊘ **바로 실천하기**

1. 우리 아이의 성향에 맞는 운동이 무엇인지 생각한다.
2. 아이가 어려서부터 재미를 붙이고 꾸준히 할 수 있는 운동을 하나 이상 갖게 한다.
3. 운동할 여건이 안 된다면 자주 걷거나 집안일을 돕게 해 땀 흘리며 일하는 습관을 갖게 한다.

02

자주 걷게 해서 평생을 지탱할 수 있는
튼튼한 허리를 만든다

아이들의 허리를 망가뜨리는 안타까운 모습

노란색 소형 버스가 오자 초등 저학년 아이들이 가방을 메고 버스에 탄다. 영어, 수학 학원에 가기 위해 버스에 오르는 대치동 초등학생들의 모습이다. 교포와 원어민이 진행하는 학원으로 유명한 대치동 초등영어 학원 앞에는 좁은 골목 사이로 고급 외제차들이 줄을 이룬다. 부모들이 부지런히 아이를 실어 나르는 모습이다. 이런 아이들을 볼 때마다 한 가지 의문이 들었다.

'이 아이들은 대부분 대치동이나 강남 지역에 살 텐데, 왜 학원에 부모 차를 타고 오는 걸까? 가뜩이나 요즘 아이들은 대부분의 시간을 앉아 있고 걷지 않는데, 학교나 학원 가는 길이라도 친구들과 이야기하면서 걷

게 하는 게 아이에게 좀 더 좋지 않을까?'

어른들도 그렇지만, 요즘 아이들은 특히 걷지 않는다. 그리고 걷지 않는 시기도 어른 세대에 비해 점점 빨라지고 있다. 언제부터인가 우리나라에서도 유모차로 아이를 태우고 다니는 것이 당연시 되었다. 옛날처럼 걷기 힘든 아이를 포대기에 매고, 좀 큰 애는 손을 잡고 이동하는 부모는 거의 없다. 어느 정도 커서 걸을 수 있는 아이도 유모차에 앉아 있는 모습을 많이 본다.

원래 인간의 몸은 앉는 자세가 아니라 서 있거나 걷는 자세를 위해 설계되었다. 직립 보행이 다른 동물과 구분되는 인간의 가장 큰 특징 중 하나이다. 낮에는 서거나 걷고, 밤에는 누워 자면 대부분의 사람은 허리에 큰 무리를 주지 않고 건강하게 살 수 있다. 하지만 과학 기술과 교통수단이 발달하면서 현대인은 점점 걷지 않게 되었고, 하루 대부분을 앉아서 보낸다. 지금 이 글을 읽고 있는 독자들도 앉아서 책을 읽을 가능성이 높다! 밥을 먹고, 교통수단을 이용할 때, 학교나 직장에서도 대부분의 시간은 앉아 있다. 앉아서 TV를 보고, 책을 읽거나 스마트폰을 한다. 이렇게 서 있거나 걸어야 하는 자연의 순리를 거스르고, 앉아만 있는 인간에게 찾아 온 재앙이 '허리디스크'라고 불리는 '추간판 탈출증'이다.

현대인의 병, 허리디스크

많이 걸으면 잘못된 자세가 바로 잡히고, 척추를 받쳐 주는 근육이 발달한다. 하지만 걷지 않는 현대인들은 척추를 지탱해 주는 근육이 발달할 기회가 적다. 근육이 척추를 잡아 주지 못하니, 앉은 상태에서 버텨야 하는 압력을 견디지 못하고, 정상적인 상황에서는 터질리 없는 추간판이 돌출해 신경을 누르는 현상이 생긴다. 이것이 바로 '허리디스크' 증상이다. 이 추간판 탈출증과 더불어 요즘 아이들에게 흔히 나타나는 질환이 '척추 측만증'이다. 잘못된 자세로 앉아 있는 시간이 많고, 척추를 잡아 주는 근육이 잘 형성되지 못하다 보니, 척추가 휘어진 것이다.

2018년 건강보험심사평가원 통계에 따르면 2016년에 허리디스크로 병원을 찾은 환자 190만 명 중 36.7%가 10~30대라고 한다. 보행기, 유모차, 좌식 생활, 스마트폰이나 디지털 기기 사용 증가가 우리 아이들의 허리를 병들게 하고 있다.

허리디스크 증세가 심하면 책상에 앉아 있는 것도 힘들다. 추간판이 신경을 누를 정도가 되면 '방사통'이란 다리 아래가 저려 오는 증상이 나타난다. 공부는 고사하고 일상생활에 지장을 받는다. 디스크 치료를 위한 시간과 비용도 만만치 않다. 디스크 치료를 위해서는 많이 걷고, 평소의 잘못된 자세를 고치고, 스트레스를 줄이고, 좋은 영양분을 섭취해야 한다. 하지만 상업화된 몇몇 의료 기관에서는 허리 통증을 이용해 과잉 진단과 치료가 가장 많이 이루어지는 질환이기도 하다. 수술을 해도 근본적으로 자세나 생활 태도가 고쳐지지 않는 한 재발이 빈번하다. 비수

술적 치료인 여러 가지 요법과 한방 치료, 운동 치료는 비용과 시간 투자가 만만치 않다.

허리 질환으로 고생하는 아이들

일전에 편입 학원에서 필자의 강의를 듣던 한 수험생이 허리디스크로 고생을 많이 했다. 그 친구는 공부하려는 의지는 강했지만, 한 시간 이상 책상에 앉아 있기 힘들어 했다. 항상 허리에 복대를 차고 다녔고, 정도가 심하면 거의 매일 운동 치료를 받으러 병원에 가야 해서 공부 시간 확보도 어려웠다.

척추 측만증도 당연히 공부에 마이너스 요인이다. 평소 생활 태도나 자세 때문에 척추 측만증이 됐다는 것은 공부할 때 자세도 좋지 못하다는 것을 의미한다. 지연(가명)이가 바로 이런 경우였다. 고3이 되어서 공부할 의지는 충만했지만 항상 구부정한 자세로 앉아 있고, 허리 통증으로 수업에 제대로 집중하지 못했다.

우리나라에서 공부로 승부를 보려면 고2, 고3 때는 엉덩이가 의자에 붙었다 싶을 정도로 집중력 있게 공부해야 한다. 그런데 어려서부터 잘못된 습관 때문에 엉덩이를 붙이지 못하는 아이들이 점점 늘고 있다. 고등학교 때 집중력 있는 공부를 할 수 있도록 또한 평생 살아갈 수 있는 튼튼한 척추와 허리를 위해서라도 아이들이 좀 더 걷고, 뛰게 해 주어야 한다.

⊕⊖⊗⊘ **바로 실천하기**

〈허리를 지키기 위한 아이와 부모의 좋은 습관 10가지〉

1. 보행기에는 가급적 앉히지 않는다.
2. 유모차 사용 빈도를 줄이고, 아이가 걸을 수 있는 시기부터는 가능한 많이 걷게 한다.
3. 가까운 거리는 가능한 차를 타지 않고 걸어서 이동한다.
4. 부모가 먼저 많이 걸어 다니는 본을 보인다.
5. 의자에 앉을 때는 바른 자세로 앉는 연습을 한다.
6. 다리를 꼬고 앉지 않는다.
7. 책상에서 엎드려 자지 않는다.
8. 여학생의 경우 하이힐을 신지 않거나, 가급적 늦게 신는다.
9. 허리에 좋은 몇 가지 스트레칭 운동을 아이와 같이 자주 한다.
10. 시간이 날 때마다 공기 좋은 곳에서 자주 산책하고 걷는 습관을 갖는다.

03

다양한 자연의 냄새를 맡게 한다

냄새가 기억을 불러일으킨다

프랑스 작가 마르셀 프루스트(Marcel Proust, 1871-1922)는 그의 소설 《잃어버린 시간을 찾아서》에서 어느 겨울 홍차에 마들렌 과자를 적셔 먹으려는 순간, 어릴 적 고향에서 숙모가 내어 주던 마들렌 과자 향기가 생각났다고 말한다. 그는 이 향기에서 시작해 어린 시절을 추억하며 자전적 소설을 쓰게 되었다. 한 폭의 그림과 같은 섬세한 묘사로 인해 '시작하는 사람은 많아도 7권 끝까지 읽는 사람은 거의 없다'는 악명 높은 고전이기도 한《잃어버린 시간을 찾아서》는 이렇게 탄생했다.

후각이 어린 시절의 추억이나 이전의 기억을 불러일으키는 현상을 '프루스트 현상(the Proust effect)'이라고 한다. 알츠하이머병의 대표적인 전조 증상 중 하나도 후각의 상실이다. 뇌 과학이 발달하면서 후각과 기억력이 서로 연관이 있다는 증거가 속속 밝혀지고 있다.

물론 후각과 연관된 기억력은 숫자나 단어를 기억하는 의식적 혹은 자발적 기억(voluntary memory)과는 차이가 있다. 후각 자극은 뇌의 편도체와 연관되어 있다. 편도체는 인지 기능보다 감정과 정서를 관장하는 기관이다. 즉, 연관된 냄새 자극은 과거의 좋았던 혹은 나빴던 감정을 소환하고, 연쇄적으로 뇌 각 부분에 나눠진 시각, 청각, 촉각 자극이 통합되며 지난 시절의 기억을 불러일으킨다고 볼 수 있다. 그래서 다양한 냄새 자극에 노출된 아이들은 이런 비자발적 기억(involuntary memory) 능력이 발달하고, 예술적, 창의적 능력이 배양된다.

냄새가 마음의 문을 열게 한다

필자도 냄새와 관련된 강력한 체험을 한 적이 있다. 평화로운 출산을 통해 화목한 가정을 세워 보자는 '자연출산 운동'에 동참하고자, '히프노버딩' 프랙티셔너 자격증을 취득했다. 히프노버딩은 출산 시 진통제나 무통 주사와 같은 약물 사용을 최대한 줄이고, 호흡과 명상으로 자궁수축을 완화하는 방법을 말한다. 관련 책을 정환욱 원장과 함께 번역하고, 이후 호주 브리즈번에 가서 교육을 받았다. 최면 대본을 듣고, 편안한 마음으로 호흡하고 이완하는 연습이 핵심인데, 교육 첫날 오전 내내 대본 연습이 잘 안 되었다.

머릿속에서 '과연 이런 대본이 효과가 있을까?', '이거 제대로 안 되면 번역한 책《히프노버딩》이 효과가 없는 셈인데, 그러면 이후에 자연출산 운동의 방향성을 어떻게 잡아야 하나?'라는 수많은 근심 걱정이 있으니 최면이나 이완이 제대로 될 리 없었다. 그렇게 오전 세션이 끝나고, 식사 후 오후 세션이 시작되었다. 수업 중에 약간 더운 기운이 있어 선생님이 창문을 여니, 프리지아 꽃향기가 교실로 확 밀려왔다. 꽃향기로 가득찬 교실에서 히프노버딩 음악을 듣고, 파트너가 읽어 주는 영어 대본을 들으니, 자연스럽게 몸이 이완되고 평안한 마음이 들었다. '아 히프노버딩이 이렇게 되는 거구나'라는 확신이 들었다. 후각 자극이 어떻게 편도체와 주변의 변연계를 자극해 편안한 마음으로 이끄는지 직접 체험한 순간이었다.

흔히 히프노버딩과 같은 최면 치료에서는 '이성을 내려놓으면 오감이 열린다'라는 말을 한다. 근심 걱정과 같은 복잡한 대뇌 신피질의 활동을 멈추면 가려져 있던 오감과 감정이 깨어나게 된다. 가장 좋은 방법은 자연 속에서 나무와 풀 냄새를 맡고, 시냇물과 바람 소리를 듣고 느끼는 것이다. 실내 환경에서도 최대한 오감을 자극하는 방법을 찾으면 비슷한 효과를 거둘 수 있다. 이후 히프노버딩을 지도하며, 이를 잘하는 산모들을 관찰하니 대부분 생각이 복잡하지 않고, 감정이 풍부한 분들이 많았다. 생각을 내려놓고 시각, 청각, 후각 자극의 다양한 오감 자극을 활용한 산모가 자연스럽고 평안한 출산을 했다.

몇 가지 냄새를 적을 수 있니?

이런 점에서 아이들의 창의력이나 종합적 학습 능력을 알아보는 방법 중 하나가 후각의 민감성을 보는 것이다. 아래와 같이 아이와 함께 생각할 수 있는 냄새의 종류를 적고, 서로 이야기를 나눠 보자.

내가 기억하고 있는 냄새의 종류	
엄마, 아빠가 말할 수 있는 냄새	아이가 말할 수 있는 냄새

요즘 아이들에게 '네가 기억하는 냄새의 종류를 적어 보라'고 하면 몇 개나 적을 수 있을까? 빵 냄새, 페인트 냄새, 밥 냄새, 생선 냄새, 고기 냄새, 장난감 냄새 정도가 아닐까?

좁은 아파트에 살면서 학교와 학원만 오가고, 게임과 유튜브에 빠져 있는 아이들이 적을 수 있는 냄새의 종류는 20가지를 넘지 못할 것이다. 고영훈(필명 고리들) 작가는《인공지능 VS 인간지능 두뇌사용 설명서》에서 '어려서부터 아이들이 다양한 후각 체험과 요리를 해 보며 오감과 온몸 경험을 하는 것이 아이들의 공부 그릇을 만드는 데 도움이 된다'라고 말한다. 그러면서 자신이 어린 시절 경험한 냄새를 다음과 같이 나열한다.

개똥과 소똥, 고양이 똥과 밭의 거름 냄새

담뱃잎 말리는 냄새

벼가 익어 가는 냄새

풀을 베면 나는 냄새

땅을 갈면 나는 냄새

초가지붕 썩는 냄새

유채꽃과 동백꽃 냄새

통통거리는 경운기의 배기구에서 나는 검은 연기 냄새

무화가 잎을 따면 나던 진액 냄새

개구리 뒷다리 굽는 냄새

메주 띄우는 냄새 등등

시골이나 자연에서 10여 년 이상 자란 아이들이 적을 수 있는 냄새는 거의 50가지가 넘을 것이다. 그렇다고 아이들의 공부 그릇을 기르기 위해 시골로 내려가라는 의미는 아니다. 유대인들은 시골에 살지 않으면서도 안식일 식탁과, 많은 명절을 지키며 아이들에게 끊임없는 후각 자극을 준다. 유대인 아이들이 적을 수 있는 냄새의 종류도 대략 20가지는 넘는다.

토라의 양피지 냄새

기도서나 탈무드의 오래된 책 냄새

안식일 양초 타는 냄새

엄마와 같이 만드는 안식일 빵 냄새

포도주스 냄새

엄마, 아빠와 포옹하며 맡을 수 있는 엄마, 아빠 냄새

정결례를 하며 손을 씻고 난 상쾌한 냄새

누룩을 넣지 않은 유월절 무교병 냄새

초막절에 들고 기도하는 과일과 나뭇잎 냄새 등등

정통파 유대인들은 이렇게 자연이 아닌 가정에서도 아이와 같이 안식일 음식을 준비하고, 명절을 지키며 다양한 활동을 통해 후각과 오감을 자극해 준다. 현대 산업 사회에서는 아이들이 다양한 냄새를 맡을 수 있는 기회가 점점 줄고 있다. 극단적으로 말하면 아이의 창의력과 종합적 기억력을 쇠퇴시키고, 치매나 정신 질환의 가능성을 높이는 환경이 점점 만들어지는 것이다. 자연과 가정에서 아이에게 좀 더 많은 후각 자극을 줄 수 있는 방법을 찾아야 한다.

⊕⊖⊗⊙ **바로 실천하기**

1. 주말에 아이와 산이나 바다 등 자연으로 가서, 그곳에서 맡을 수 있는 냄새의 종류를 함께 적어 본다.
2. 아이와 시장에 가서 식재료를 사고, 집에서 함께 요리한다. 아이와 같이 오늘 맡은 냄새의 종류를 적고, 그 느낌에 대해 이야기를 나눈다.

04

스마트폰으로 영상을 보여 주기보다 종이접기를 가르친다

스마트폰보다 간단한 생활 놀이를 활용한다

식당이나 공공장소에서 아이에게 스마트폰을 주고 애니메이션이나 유튜브 영상을 보여 주는 모습을 많이 보게 된다. 아이에게 시각 자극을 주어 다른 행동을 못하게 하는 효과는 있지만, 많은 뇌 과학자들은 어려서부터 과도하게 디지털 미디어에 노출되면 전두엽 기능이 약화되고 결과적으로 자기 통제력과 절제력이 줄어들 수 있음을 경고한다. 그러면 공공장소에서 가만히 있지 못하고, 소리 지르고 돌아다니는 아이를 어떻게 통제하고 지도할 수 있을까?

우선 스마트폰을 사용하기 전에 간단한 몸 놀이나 생활 놀이로 아이와 놀아 주는 방법이 있다. 《초간단 생활놀이》의 저자 전은주 작가는 식당과 차 안에서 또는 줄을 서서 무언가를 기다릴 때 아이와 할 수 있는 간단한 생활 놀이를 다양하게 소개한다. 서안정 작가의《세 아이를 영재로 키운 초간단 놀이육아》라는 책도 있다. 이런 책에서 소개된 생활 놀이 가운데 아이가 좋아하는 놀이를 한두 개씩 상황에 맞게 적절히 활용한다. 하지만 부모가 계속 아이와 몸 놀이를 하는 것도 쉽지 않다. 그렇기에 종이접기나 찰흙 놀이처럼 아이가 집중해서 혼자 놀 수 있는 방법을 가르쳐 주는 것도 좋은 대안이다. 아이 성향에 따라 집중도가 조금씩 다를 수 있지만, 다양한 놀이 방법을 적용해 아이가 좋아하고 집중할 수 있는 것이 무엇인지 찾아본다.

종이접기가 공부 그릇으로 이어진 사례들

종이접기를 적절히 활용해 아이의 공부 그릇도 자연스럽게 키워 준 사례가 많이 있다. 놀이 외에도 부모의 다양한 교육적 지원이 있었겠지만, 위에서 소개한 책 저자의 자녀들 중에도 입시에서 상당한 성과를 거둔 아이들이 나왔다.

　최근에 확인한 대표적인 사례는 SBS 〈영재발굴단〉에서 로봇 영재로 소개된 홈스쿨러 준규이다.《준규네 홈스쿨》의 저자 준규 엄마 김지현 작가도 식당이나 공공장소에서 아이에게 영상을 틀어 주는 모습이 불편했고, 준규에게는 그러고 싶지 않았다고 한다. 그래서 아이와 함께 밖에 나갈 때는 아이가 혼자 놀 수 있도록 다양한 종이를 준비했다. 지루하게 무언가를 기다려야 할 때 아이는 종이접기를 했고, 이후 다양한 만들기로 관심이 이어져 로봇을 만들고 코딩을 하는 수준으로 발전했다. 물론 모든 아이들이 종이접기를 한다고 해서 준규처럼 과학 영재가 되는 것은 아니다. 하지만 이렇게 자기만의 놀이 방법을 찾음으로써 어려서부터 스마트폰에 지나치게 노출되는 것을 피하고, 전두엽 기능이 약화되는 것은 막을 수 있다.

식당에서 스마트폰 대신 종이접기를 하면서 놀았던 준규 ⓒ 김지현

종이접기의 몰입 경험 이후 코딩과 로봇 제작으로 재능을 발전시킨 준규 ⓒ 김지현

많은 연구에서 손을 활용하는 소근육 운동은 뇌 발달에 큰 도움을 준다고 한다. 가장 자연스러운 소근육 운동은 자연 속에서 이루어진다. 땅을 파고, 솔방울을 줍고, 밤을 까고, 곤충이나 벌레를 만지며 아이들은 자연스럽게 소근육 운동을 할 수 있다. 레고나 블록, 수많은 과학 교구가 없어도 뇌 발달에 필요한 사물 교재가 자연 속에 충분하다. 자연에는 소

근육 운동뿐 아니라, 맑은 하늘과 푸른 녹음의 시각적 자극, 새소리와 바람 소리의 청각 자극, 꽃냄새, 풀 냄새의 후각 자극, 흙과 모래, 나무줄기 등 다양한 촉각 자극이 있다. 현대 육아에서 강조하는 오감 통합 교육이 자연 속에서는 자연스럽게 된다.

하지만 자연과 멀어져 있는 우리 아이들에게 최소한 실내에서라도 뇌를 자극할 수 있는 활동이 필요하다. 옛날에는 종이접기뿐 아니라 공기, 실뜨기 등 실내에서 할 수 있는 놀이가 많았다. 그런데 요즘 대부분의 실내 놀이는 컴퓨터 게임과 스마트폰 영상을 보는 것으로 수렴되는 듯하다.

아이가 좋아하고 부모도 즐겁게 같이 할 수 있는 손 놀이와 실내 놀이를 하나하나 발굴하는 것도 아이의 공부 그릇을 기르는 좋은 방법 중 하나이다. 또한 사춘기 전후 휴대전화와 게임 문제로 아이와 말다툼하고 씨름하는 에너지를 절약하는 가장 지혜로운 방법이다.

⊕⊖⊗⊙ **바로 실천하기**

1. 아이에게 스마트폰으로 영상을 보여 주는 시간을 줄이고, 적극적으로 다른 대안을 찾는다.
2. 아이 앞에서 스마트폰 보는 모습을 최대한 줄이고자 노력한다.
3. 아이와 함께할 수 있는 몸 놀이나 손 놀이를 적극적으로 찾아본다.

심샘의 Tip.

물과 모래와 같은 가소성 있는 재료로 놀기

필자는 뇌 발달에 좋은 놀이로 물놀이와 모래놀이를 강력히 추천한다. 요즘 부모들은 아이들에게 많은 플라스틱 장난감을 사 준다. 이런 고체 장난감은 몇 분 이상의 놀이거리밖에 되지 못한다. 잠깐 가지고 놀다가 싫증 내기 일쑤다. 아이들이(특히 영유아) 30분 이상 집중해서 혼자서도 잘 노는 놀이를 관찰해 보면, 종이 찢기나 물장구 치기, 모래놀이 등 가소성과 가변성이 있는 놀이다. 이런 놀이의 공통점은 아이들이 원하는 대로 다양한 결과를 만들 수 있는 열 린 놀이(open-ended play)라는 것이다. 레고 블록이나 로봇 조립과 같이 정 해진 결과나 평가 기준이 없다. 자유롭게 자기가 하고 싶은 대로 할 수 있고, 원하는 결과를 만들 수 있다. 문제는 실내에서 이런 활동을 하기 힘들고, 놀이 이후에 아이를 씻기거나 청소해야 하는 번거로움이다. 하지만 어린 시절 특 히 0-3세 영유아는 다양한 오감 자극을 통해 뇌 발달에 도움을 줘야 하는 시 기인 만큼 가능한 이런 놀이를 많이 할 수 있게끔 해야 한다.

요즘엔 실외가 아니더라도 부모가 조금만 부지런히 움직이면 집에서도 얼마 든지 가능하다. 아이의 목욕 시간에 물놀이를 하게 하거나, 베란다와 같이 청 소가 용이한 공간에서 모래놀이나 점토 놀이를 하는 등 적절한 방법을 찾아 본다.

05

산에 올라
진짜 에너지를 충전한다

일요일마다 등산해 편입의 꿈을 이루다

원하는 대학에 진학하지 못했을 때, 다시 도전하는 방법으로 재수와 편입이 있다. 편입생의 대부분은 지방 대학을 다니는 학생들이다. 또는 원치 않는 대학에 가거나 군대에서 사회생활을 경험해 보고, 무언가 새로운 동기가 생긴 아이들이 서울권 대학으로 진학하기 위해 편입을 한다. 그렇기에 많은 편입생들은 공부하려는 의지는 충만한데, 공부 기본기가 잘 되어 있지 않아 상당수는 또 다른 실패를 맛보고, 이전 대학이나 사회로 돌아가는 경우가 많다.

편입 학생들을 15년 이상 지도하면서 필자는 영어 단어 하나 더 외우고, 문법 문제 하나 더 푸는 것보다 아이들의 공부 그릇을 먼저 만드는 것이 시급하다는 생각이 들었다. 문제는 편입생들이 공부 그릇을 만들 마음의 여유가 없다는 점이다. 주말을 이용해 가까운 공원에서 조깅을 하거나, 가까운 산에 올라 땀이 날 정도로 등산해 보라고 권해도 실제 실천하는 학생들은 많지 않았다. 한번은 이런 의지가 있는 아이들을 모아 일 년간 실험해 보았다.

개별적으로 상담한 편입생 중에 지원자를 받아 약 10개월 정도 일요일마다 모여 점심을 먹고, 이후 구룡산을 등반하는 프로그램을 무료로 운영했다. 구룡산은 해발 306m로 그다지 높지 않지만, 매번 완주하기는 힘들 것 같아서 2-3달에 한 번 정상까지 가고, 대부분은 중턱 조망대까지만 올랐다. 왕복 약 1시간에서 1시간 반 정도 걸린다. 개포동 쪽에서 올라가는 등산로는 그리 가파르지 않지만 중턱까지 가려면 숨이 차고,

주말마다 편입생들과 함께 등산하며 공부 체력을 길러 주고자 했다

땀이 날 정도이다. 평소에 운동을 안 하는 아이들은 힘들 수 있다. 하지만 고비를 넘기고 강남이 한눈에 내려다보이는 조망대에서 시원한 산바람을 맞으면 몸도 마음도 상쾌해진다. 봄부터 시작한 이 산행은, 여름, 가을을 지나 시험이 임박한 겨울까지 이어졌다. 이렇게 산행을 하다 보니, 계절마다 조금씩 변해가는 산의 모습을 느낄 수 있고, 알게 모르게 쌓인 공부 스트레스와 부정적인 기운을 털어 낼 수 있었다. 등산하며 편입생들과 많은 이야기를 나누었고, 이런저런 조언도 자연스럽게 할 수 있었다. 아이들은 이렇게 한 주간 공부에 지친 몸과 마음을 추스르고, 다음 한 주 집중해서 공부할 수 있는 에너지를 충전했다.

이 산행에 한 번이라도 온 친구는 약 10명 정도였고, 꾸준히 참석한 학생은 5명이었다. 그중 A양은 고려대학교 물리치료학과에, B군은 성균관대 법대에 합격했다. C양은 숙명여대 중문과에, D군은 성균관대 공대에 합격했다. 아쉽게도 E군은 지원한 대학에 합격하지 못해, 다시 이전 대학으로 돌아갔다. 하지만 E군은 졸업 후 어려운 취업 관문을 뚫고, 서울에 있는 교육업체에 취직해 성실하게 직장 생활을 잘하고 있다.

위의 성공적인 결과를 낸 5명의 학생과, 결과가 좋지 않은 나머지 5명 역시 편입 성적은 중상위권이었다. 결과가 잘 안 나온 한 여학생은 첫 번째 산행을 하고 나서 이렇게 말했다.

"교수님, 너무 힘들어요. 전 정말 몸 움직이는 것도 싫고, 땀 흘리는 것도 싫거든요. 친구들은 저보고 '저질 체력'이라고 해요. 아무래도 다음에는 못 올 것 같아요."

"하지만 먼저 체력을 길러야 꾸준히 공부할 수 있고, 나중에 사회생활 할 때도 근성이 생겨요. 처음에는 근육이 없어서 힘들고, 며칠 앓을 수도 있지만, 체력에 맞게 조금씩 거리를 늘려 가면서 같이 한번 도전해 봐요."

이 말에 용기를 얻은 여학생은 이후 한 번 더 왔지만, 이내 포기하고 말았다. 한두 번 왔던 나머지 4명의 학생들도 이유는 비슷했다. 체력이 안 돼서 또는 일요일에 한 문제라도 더 풀며 공부해야 하는데 산행하는 시간이 아깝다고 생각한 학생도 있었다. 주말에 등산과 운동으로 자신을 정비하는 게 이보 전진을 위한 일보 후퇴임을 모르는 게 너무 안타까웠다.

많은 학생들이 일요일에도 공부한다고 도서관이나 집 책상에 앉아 있지만, 충분히 정비되지 않은 몸과 마음으로 집중해서 공부하기란 쉽지 않다. 멀리 보고, 자연 속에서 온전히 쉬며 일주일간 쌓인 몸속의 독을 해독하고, 다음 6일 동안 집중해서 공부할 수 있는 재충전의 시간이 필요하다. 하지만 많은 학생들에게 이런 마음의 여유가 없다.

등산 훈련의 효과는 정신력 강화

사실 일요일 등산 훈련의 가장 큰 효과는 체력 향상뿐 아니라 멘탈 강화와 통찰력 향상이다. 수능이나 편입, 공무원 시험 등 우리나라의 모든 시험에서 핵심 역량은 "정해진 시간에 정확히 문제를 푸는 능력"이다. 이를 위해서 고도의 집중력이 필요하고, 익숙하지 않은 유형이나 난도가 높은 문제(이른바 꽈서 내는 문제)의 출제 의도를 파악해 공부하지 않은 것도 맞힐 수 있는 능력이 필요하다.

어떤 시험이든 배우지 않은 내용, 배운 것 같지만 이상하게 변형된 문제가 나온다. 이때 당황하지 않고 출제 의도를 파악하는 능력이 가동돼야 어려운 문제를 맞히고, 고득점을 받을 수 있다. 단순하게 말하면 이른바 '찍어서도 맞히는 능력'이 필요한데, 이는 계속 단어를 외우고 문제를 많이 푸는 인지적 능력을 개발한다고 해서 길러지는 게 아니다. 이런 능력은 자연 속에서 자신의 오감을 되살리는 감각 훈련 혹은 변연계 안정화 훈련을 통해 길러진다.

이야기가 이쯤 흘러가면 무슨 사이비 종교 강의를 하냐고 생각할 수도 있다. 하지만 입시 현장에서 '운동하고 등산하면 공부가 잘 된다'는 과학적이고 상식적인 이야기를 해도, 책상을 떠나지 못하는 학생들이 많기 때문에 이렇게 종교적 수준(?)의 설득이 필요하다.

필자는 종종 수업 시간에 이런 원리를 설명한 후 학생들에게 물었다.

"결론적으로 말하면, 자연 속에서 땀을 흘리고 오감을 깨우는 훈련을 해야 '찍어도 맞는' 역사가 일어나는데, 여러분은 이 사실을 믿습니까?"

이렇게 물으면 "믿습니다!"라는 종교적 대답보다는 웃음이 먼저 터져 나온다. 이후 다시 한 번 자기 정비의 필요성을 역설하고 일요 등산 모임에 초대하면 100명 가운데 한두 명만이 용기 내서 찾아오는 게 현실이었다.

등산은 못해도 스트레칭은 할 수 있잖아

이렇게 아이들이 마음에 여유가 없고, 자연 속으로 들어가기 힘드니, 필자는 대안으로 수업 시작 전에 스트레칭을 시켰다.

"여러분 한 주 잘 지냈어요? 우리 본격적인 공부를 시작하기 전에, 오늘 배우는 내용이 머릿속에 쏙쏙 들어가도록 공부 잘 되는 체조를 해 볼까요? 먼저 두 손을 머리 위로 쭉 올려 보세요."

행여나 이 시간을 아까워하는 학생들이 있을까 봐, 스트레칭 여러 동작을 영어로 말하고 표현한다. 어깨 돌리기(shoulder shrug exercise), 목 돌리기(neck rotation exercise) 등등. 3-4 동작을 하고 이렇게 물어본다.

"How do you feel?(기분이 어때요?)"

대답이 없다. 사람이 많은 공간에서는 자기 기분이나 느낌을 말로 표현하거나, 궁금한 게 있어도 제대로 질문하지 못하는 우리나라 교실의 전형적인 모습이다.

그러면 이렇게 대답까지 가르쳐 준다.

"여러분 따라해 보세요. 'I feel good.(기분이 좋아요)', 'I feel great.(기분이 끝내 줘요)' feel이 2형식 동사니까 보어로 형용사가 와야 하는 것 알죠. 그래서 부사인 well이 아니라 good이고, greatly가 아니라 great이고요."

이렇게 시험에 나오는 문법 사항 하나는 덤으로 설명해야 5분간의 스트레칭을 시간 낭비라고 생각하지 않는다.

우리나라 많은 학생들, 특히 자기 주도 학습 능력이 부족한 중하위권 학생들의 공부 능률은 정말 낮다. 책상에 앉아 있는 시간 대비, 나오는 결과물이 형편없는 경우가 많다. 책상에 오래 앉아 있지만 집중하지 못하고 딴 생각을 하거나, 이런저런 공부에 방해되는 일(음악을 듣거나 스마트폰 확인)을 하기 때문이다. 오히려 공부가 잘 되도록 몸과 마음의 준비를 하고, 집중해서 공부하고, 어느 정도 충분히 쉬고 다시 집중해서 공부하는 패턴이 필요한데, 성적이 잘 안 나오는 학생들은 이게 잘 안 된다. 그리고 불안한 마음에 계속 책상 앞에 앉아 있다.

지난 20여 년간 고3과 편입 대학생들을 지도하면서 깨달은 것은 고3이나 대학생이 되어 잘못된 공부 습관을 고치는 것은 거의 종교적 신념이 없으면 불가능하다는 사실이다. 선생님이 하는 말을 의심 없이 믿고, 불안한 마음을 떨치고 일요일에 나와서 함께 등산하고, 공부하기 전에 스트레칭 하고, 호흡과 이완으로 뇌를 최적의 상태로 만드는 소수의 아이들만이 잘못된 습관을 깨뜨리고 한 단계 도약할 수 있다.

그렇기에 가능한 아이들이 한 살이라도 어릴 때부터 이런 공부 원리를 가르쳐 줄 필요가 있다. 주중에 집중해서 공부하고, 주말에는 자연과 교감하며 땀을 흘리고, 공부하는 중간 피곤하면 스트레칭 하는 등 효율적인 공부를 할 수 있는 올바른 공부 습관을 길러 주어야 한다. 어릴 때 이런 공부 그릇을 만들어 주지 않고, 학원만 보내고 문제지 푸는 인지적인 훈련만 시키는 것은 '밑 빠진 독에 물 붓기'이다.

햇볕과 바람과 돌이라는 더 큰 몸의 양식

마지막으로 등산을 통해 필자의 병을 고치며 깨달은 점을 나누려고 한다. 필자는 20여 년간 입시 학원에서 강의하며 불규칙한 식사와 스트레스로 면역력이 떨어져 A형 급성 간염과, 허리디스크, 전립선 비대증이라는 질환을 앓았다. A형 간염에 걸려 일 년 가까이 요양하며 '자연건강법'을 알게 되었고,《건강독서혁명》의 저자 백용학 소장과 함께 꾸준히 관악산에 올랐다. 백 소장은 채식 위주의 식단, 산에서의 운동과 '건강 스쿼트'를 통한 근육 만들기가 대부분의 병을 예방하고 치유할 수 있는 근본적인 해법이라고 말한다.

한동안 매주 토요일 백 소장을 따라 아침에 아무것도 먹지 않고, 약간

관악산에서 건강 스쿼트를 하는 모습

무거운 배낭을 메고, 관악산에 올랐다. 오르기 전에 오장 육부를 풀어 주는 '운기오행(運氣五行) 체조'를 하고 '사륜(四輪) 걷기'라는 좌우 뇌를 동시에 자극하는 체조를 한다. 산행 중간 중간 평평한 바위가 나오면 스쿼트를 300-400회 정도 한다. 이렇게 점심 전까지 하면 평범한 사람도 스쿼트를 1,000개 정도 할 수 있다.

'아침도 안 먹고 돌산에 오르고, 스쿼트를 1,000개 정도 하면 배고프지 않을까?' 그런데 신기하게도 산행에 참석한 사람의 열에 아홉은 전혀 배고픔을 느끼지 못했다. 백 소장은 이렇게 이야기한다.

"많은 사람들은 음식만이 우리 몸이 섭취해야 할 영양분이라고 생각합니다. 하지만 건강 전문가들은 음식은 영양분의 일부이고, 오히려 많은 음식 섭취는 소화에 부담을 주기 때문에 소식하라고 권합니다. 그러면 우리는 어디서 에너지원을 얻을 수 있을까요? 바로 햇볕이 있는 산속에서 음식보다 더 큰 에너지를 얻을 수 있습니다. 먼저 햇볕을 봐야 합니다. 현대인의 우울증과 수많은 질환이 햇빛을 보지 않기 때문에 생깁니다. 그리고 흙과 바위를 밟고, 그 에너지를 흡수해야 합니다. 가능한 신발과 양말을 벗고 산에 오르면 더욱 좋습니다. 나무와 숲에서 나오는 피톤치드와 음이온, 시원하게 불어오는 바람, 이 모든 것이 우리 몸이 간절히 바라는 에너지원입니다."

이런 철학적인 해석뿐 아니라 실제 병들었던 몸이 소식(小食)과 등산을 통해 치유되고, 암 환자나 각종 질환이 있는 사람들이 치유되는 모습을 보면서 우리 몸이 얼마나 자연과 연결되어 있는지 깨달았다.

그렇기에 가능하면 주말이나 틈틈이 시간 날 때마다 아이와 함께 산을 타며 이런저런 이야기를 나누고, 우리 몸과 자연에 대해 배울 필요가 있다. 아이는 공부 그릇뿐 아니라 평생 건강하고 행복하게 살 수 있는 중요한 삶의 습관을 갖게 될 것이다.

⊕⊖⊗⊝ **바로 실천하기**

1. 틈틈이 걷기와 스쿼트를 하며 체력을 기른다.
2. 주말을 이용해 한 달에 2-3번 이상은 가까운 산에 오른다.
3. 관악산 같이 돌이 많은 산을 아침에 아무것도 먹지 않고 점심까지 등산하며, 햇볕, 돌, 바람과 같은 자연의 에너지를 섭취했을 때 허기가 느껴지는지 아이와 함께 실험해 본다.
4. 본문에서 말한 운기오행, 사륜 걷기, 건강 스쿼트 영상은 필자의 유튜브 채널 〈심정섭 TV〉에서 찾아볼 수 있다. 유튜브 검색창에 위의 키워드를 치면 된다. 영상을 보며 아이와 함께 체조를 해 보고 소감을 나눈다.

06

10가지 건강 음식을 만들 수 있는
아이로 키운다

두뇌 발달에 도움이 되는 음식

아이의 좋은 공부 그릇을 만들어 주기 위해 두뇌 발달에 도움이 되는 음식을 먹여야 하는 것은 상식이다. 많은 부모들이 실천하는 사항이기도 하다. 보통 뇌 발달이나 두뇌 활동에 좋은 5가지 음식은 (1) 호두, 아몬드, 땅콩 등의 견과류 (2) 기름기가 적은 흰색 육류 (3) 비타민과 무기질이 풍부한 녹황색 채소 (4) 뇌 기능 활성화에 도움이 되는 오메가3 지방산(이전에는 고등어나 꽁치 등의 등 푸른 생선이 좋다고 했는데, 요즘 해양 오염이 심각해지면서 정제된 영양제 형태가 선호된다.) (5) 비타민 A·C·E, 코큐텐, 셀레늄 등의 항산화 물질이 많이 들어가 있는 과일과 채소이다.

뇌 기능을 떨어뜨리는 음식은 (1) 튀긴 음식, 가공 식품에 많이 들어간과도한 동물성 지방과 트랜스 지방 (2) 인슐린 분비를 과도하게 해 뇌혈관에서 포도당 흡수를 방해하는 정제된 백미나 밀가루 (3) 뇌혈관에 나쁜 영향을 미치는 설탕, 사탕 등의 과도한 당이다.

'아이가 12살까지 먹는 것이 평생을 간다'는《내 아이를 위한 두뇌음식》의 저자 조엘 펄먼 박사의 말처럼 어릴 때 식습관이 상당히 중요하다. 영어 공부에서 12살이 넘으면 원어민처럼 말하는 것은 힘들다는 '결정적 시기(critical period) 가설'은 틀린 것으로 판명됐지만, 식습관에 있어서 조엘 펄먼 박사가 말하는 결정적 시기 가설은 훨씬 설득력이 있다.

좋은 음식 섭취를 위한 단계별 실천 계획

음식과 공부 그릇에 관해서는 필자의 다른 책《강남에서 서울대 많이 보내는 진짜 이유》에서 상세히 적었는데, 핵심은 (1) 좋은 음식을 먹으려 하기보다, 나쁜 음식을 줄이는 데 더 신경을 쓰고 (2) 먹을거리에 대해 아이와 같이 공부하거나 대화하면서 평생의 몸을 만들 수 있는 지식을 습득하고 실천하자이다. 그리고 아래와 같은 단계별 실천 계획을 제안했다.

✎ 먹을거리 개선을 통한 아이의 공부 그릇 만들기 실천 계획

1단계

☐ 탄산음료를 줄인다.

☐ 햄버거, 피자 등의 패스트푸드를 줄인다.

□ 주말 등 여유 있는 시간을 이용해, 온 가족이 음식 준비를 같이 하고
   집밥을 먹는다.

2단계

□ 현미밥 식사에 도전한다.(현미+쌀밥 반씩 → 점점 현미 함유량을 늘린다.)

□ 과자를 줄이고, 과일이나 자연 간식을 늘린다.

□ 아이스크림을 줄인다.

□ 비탄산음료(무가당 음료 포함)를 줄이고, 집에서 만든 주스나 무가당
   주스를 먹는다.

3단계

□ 주말에 아이에게 식재료를 활용해 자연 및 과학 교육을 하고, 요리법
   을 가르쳐 준다.(라면 등의 인스턴트식품을 제외한 10개의 건강 음식을 혼자
   만들 수 있는 것을 목표로 한다.)

□ 고기 소비를 줄이고, 오메가3 지방산 섭취를 늘린다.

□ 우유나 유제품 소비를 줄이고, 콩, 두부 등의 식물성 단백질 섭취를
   늘린다.

10개의 건강 음식 만들기

여기서 좀 더 강조하고 싶은 부분은 아이와 함께 인스턴트식품을 제외한 10개의 건강 음식을 만들어 보는 것이다. 이로 인해 네 가지를 얻을 수 있다.

첫째, 음식을 직접 만들면서 자연과 교감할 수 있다.

도시에 사는 아이에게 가장 부족한 것이 자연으로부터 오는 오감 자극이다. 평범한 학생들의 일과를 보자. 하루 종일 집과 학교, 학원의 콘크리트 공간 안에 갇혀서 지내다가 배기가스를 맡으며 땅이 아닌 아스팔트와 보도블록을 밟고 집에 온다. 집에서는 컴퓨터와 스마트폰을 마주한다. 이런 아이들이 어떤 자연의 자극을 받을 수 있을까? 틈나는 대로 공원을 산책하고, 주말에는 산을 오르는 것이 이상적이지만, 시간과 마음의 여유가 없다. 도시 환경에서 아이들이 자연과 접촉하며 오감 체험과 자극을 받을 수 있는 가장 좋은 방법이 직접 요리를 하는 것이다. 채소, 생선, 고기의 식재료를 고르며 저절로 자연이나 과학 공부도 된다. 맛있는 수박을 고르려면 어떻게 해야 하는지, 신선한 생선을 고르려면 무엇을 봐야 하는지 알 수 있다. 한두 번은 식재료를 잘못 사서 음식을 망치는 시행착오를 겪으면 이후 좀 더 세밀하게 물건을 고르는 신중함도 생긴다.

오감에서 가장 중요한 부분이 바로 냄새이다. 3장에서 기억력에 있어서 후각의 중요성과 치매가 올 때 제일 먼저 후각 기능이 상실된다는 이야기를 했다. 가공된 음식이 아닌, 자연의 식재료에서 맡을 수 있는 다양한 냄새는 아이의 공감각적 기억력을 향상시키고, 다른 오감 자극과 함께 뇌를 깨워 주는 역할을 한다.

둘째, 요리를 배우며 코딩의 기본이라고 할 수 있는 순차적 사고방식을 배울 수 있다.

대부분의 요리에서 먼저 익혀야 할 것이 있고, 나중에 익혀야 할 것이 있다. 잘 안 익는 것을 먼저 요리하고, 금방 익는 것은 나중에 넣어야 한다. 그리고 다양한 재료가 들어가야 할 적당한 순서가 있다. 레시피는 일종의 매뉴얼이고, 하나의 완성된 결과를 만드는 세부 절차와 과정이다. 요리하며 자연스럽게 전체를 구성하는 부분의 역할과, 그 부분이 들어가야 할 순서와 절차를 익힐 수 있다.

셋째, 다치고 실수하며 어려움을 극복하는 훈련을 할 수 있다.

많은 부모들이 아이에게 요리를 시키기 주저하는 이유 중 하나는 칼질을 하다가 손을 베일 것이 염려되거나, 뜨거운 불에 데일까 하는 걱정이다. 이 문제에 대한 대안으로 가능한 칼질이 적고, 끓이거나 튀기지 않아도 되는 채식 위주의 식단을 활용하는 방법이 있다. 앞에서 소개한《내 아이를 위한 두뇌음식》에는 다양한 채식 요리 레시피가 나온다. 아이가 어리다면 칼보다 가위를 이용해 식재료를 자르게 한다.

《인공지능과 미래인문학》의 저자 고영훈 작가는 아이가 요리하며 조금 다쳐 보는 것도 두뇌 발달이나 공부 그릇 향상을 위해서 좋은 경험이라고 한다. 우선 사람은 배고프거나 다쳤을 때 노르아드레날린과 같은 스트레스 호르몬이 나온다. 창의성 개발을 위해서는 안전하고 평안한 상황보다 적당한 스트레스가 필요하다고 한다. 창의성은 스트레스 호르몬과 도파민 같은 행복 호르몬이 같이 분비될 때 나온다. 위기 상황에서 긴장하며 문제의 해결책을 찾아 이를 극복하거나 더 안 좋게 되지 않은 것에 감사할 때 행복 호르몬이 더 나오고, 이는 창의성으로 이어진다.

넷째, 요리는 정서 지능 향상에 큰 도움이 된다.

요리는 맛있는 음식을 해서 가족이나 다른 사람들을 기쁘게 하는 보람 있는 일이기도 하다. 우리나라의 대표적인 행복 심리학자인 서은국 교수는 사람은 '사랑하는 사람과 맛있는 음식을 먹을 때' 가장 큰 행복을 느낀다고 한다. 행복이라는 감정의 가장 큰 변수는 사람이다. 나를 인정해주고, 내가 편하게 느끼는 사람들과 함께 있을 때 행복감은 극대화된다. 이는 사람 만나는 것을 좋아하는 외향적인 사람뿐 아니라, 내향적인 사람도 마찬가지이다.

필자는 종종 "아빠가 집에서 요리하는 가정치고 불행한 가정은 드물다"라고 말한다. 실제 주변을 보아도 그렇다. 요리를 좋아하는 엄마가 있는 가정도 마찬가지이다. 엄마가 요리를 잘하면 아이는 친구들을 집에 데려오고 싶어 한다. 맛있는 음식을 먹으며 좋은 사람들과 이야기를 나누는데 행복감을 느끼지 않을 수 없다.

집밥과 가족 식탁의 모범 사례

그럼 아이가 자기 건강과 행복을 위해서 직접 요리를 하면, 공부를 잘할 수 있느냐 혹은 이후에 행복한 삶을 살 수 있느냐 묻는다면, 모두 그렇다고 할 수는 없다. 그러면 요리사는 모두 공부 잘하고, 행복한 삶을 살아야 하는 것이 아닌가?

하지만 집에서 음식에 대해 배우고, 요리하면서 행복을 느끼고, 자녀 교육을 잘하는 사례를 들라고 하면 확실히 말할 수 있는 가정이 있다. 한 가정이 아니라 수천 가정이고, 한 시대뿐 아니라 수천 년간 가족 식탁이나 음식의 중요성을 입증한 공동체이기도 하다.

유대인들은 먹는 게 까다롭다. '코셔(Kosher)'라고 유대 율법 규정에 맞는 식재료와 조리법으로 요리해야 한다. 돼지고기를 먹을 수 없고, 먹을 수 있는 소고기나 양고기도 랍비가 인증한 방법으로 도살되어야 한다. 또한 피를 완전히 빼서 먹어야 한다. 고기와 유제품을 섞어 요리할 수 없어 식기도 달리 사용해야 한다. 생선도 비늘과 지느러미가 없는 생선은 먹을 수 없다. 유대 율법을 제대로 준수하기 위해서는 우선 무엇을 먹을 수 있고, 무엇을 먹을 수 없는지 공부가 철저히 되어야 한다. 조리할 때도 하나하나 조리 방법을 배워야 한다.

이렇기에 유대인들은 비유대인들과 같이 식사하거나 아무 식당에 가서 밥을 먹기 쉽지 않다. 코셔 음식을 먹기 힘들기 때문이다. 그래서 자연스럽게 집밥을 먹는다. 외식을 하려면 코셔 인증을 받은 식당에만 가야 한다. 안식일에는 아이와 함께 안식일 빵인 할라(Challah)를 만들고,

가족이 함께 저녁 식사를 한다. 유대인 아이들의 공부 그릇은 바로 이런 가정 식탁에서 길러지는 것이다.

물론 요리가 쉬운 일은 아니다. 재료를 준비해야 하고, 여러 가지 과정과 시간을 들여야 한다. 밖에서 간단하게 한 끼를 해결할 수 있는 시대에서 집에서 요리한다는 건 번거로운 일일 수 있다. 누군가는 애쓰고 희생해야 한다. 하지만 이런 번거로움과 기다림이 아이를 더욱 건강하게 만들고, 공부 그릇을 기르는 데 도움이 된다면 기꺼이 시간과 정성을 들일 만하지 않을까?

⊕⊖⊗☺ **바로 실천하기**

1. 냉장고를 확인해서 아이의 두뇌 발달에 도움이 되지 않는 음식을 정리한다.
2. 위에 정리된 3단계 실천 사항을 아이와 함께 의논하고 실천한다.
3. 스스로 요리해서 먹을 수 있는 10가지 건강 음식을 목표로, 주말마다 한 가지 요리를 같이 만든다.

민규네 실천 소감

민규와 함께 콩나물밥 요리를 했어요.^^ 저희는 채소나 과일을 씻을 때 식초와 베이킹 소다로 씻거든요. 민규가 밥을 다 하고 난 뒤에 식초와 베이킹 소다 두 개를 섞어 보고 싶다고 하더라고요. 그러라고 하니 섞이면서 거품이 나는 걸 관찰하며 재미있어 하네요. 다른 것도 섞어 보고 싶다고 하기에 물을 줬는데 반응이 일어나지 않으니까 다른 걸 달라고 해서 올리브 오일을 줬어요. 민규가 식초와 오일은 안 섞이는데 물과 베이킹 소다와 오일은 섞인다며 "엄마 요리도 과학이지 않아요?" 하면서 다른 것도 섞어 보고, '왜 식초와 베이킹 소다만 반응이 일어나는지 궁금하다' 고 질문했어요.^^

밥 짓는 요리 시간인줄만 알았는데 즐거운 과학 시간도 자연스럽게 되네요. 저도 예상하지 못했던 결과여서 놀랐습니다.

집에서 요리하기를 실천하는 민규네 가정

요리하며 과학 원리를 배웠다고 한다

둘
째
마
당

입시 멘탈을 넘어
후회 없는 삶을 위한 '마음'

01

자기도 행복하고 남도 행복하게 하는
긍정적 동기를 갖게 한다

부모에게 복수하기 위해 공부하는 아이들?

2018년 11월에서 2019년 2월 사이 방영된 드라마 〈스카이 캐슬〉은 비지상파 드라마 최고의 시청률을 기록하며, 큰 사회적 반향을 일으켰다. 필자는 TV나 드라마를 거의 보지 않지만 방영 후 이어진 많은 언론 인터뷰 요청으로 인터넷으로 다시 보기를 하지 않을 수 없었다. 이 드라마의 첫 장면은 아들(영재)을 서울대 의대에 보내고도 끝내 자살로 인생을 마감하는 한 엄마의 허망한 모습이다. 놀랍게도 아들이 오랜 시간 모든 것을 참고 열심히 공부한 이유는 엄마에게 복수하기 위해서였다.

"난 이 집에서 반드시 나갈 거다. 열 살 때부터 내 꿈은 독립이다. 그때까지는 죽은 듯이 공부하자."

아들이 엄마에게 보여 주기 위해 일부러 비밀번호를 풀어 놓은 태블릿 PC에 쓴 일기장 내용이다. 아들은 그렇게 부모가 원하던 서울대 의대 합격증을 엄마에게 집어 던지고 자기 사랑을 찾아 집을 나간다. 드라마에서는 극적으로 묘사해 과장처럼 보일 수 있지만, 이렇게 그릇된 동기로 열심히 공부하고 일해서 어느 정도의 성공과 성취를 이루지만 그 끝이 아름답지 못한 사람들의 모습을 적지 않게 볼 수 있다.

명문대에 가고도 방황하는 아이들

누군가에게 복수하기 위해 혹은 좋은 동기처럼 보이는 '엄마를 기쁘게 해 주기 위해', '아빠 명성에 금이 가지 않게 하려고', '고생하는 부모님께 보답하기 위해' 열심히 공부해서 좋은 대학에 간 아이들은 상당수 대학 합격 이후 삶의 목표를 잃기 쉽다. 필자가 서울대에 보낸 제자들 중에서도 졸업 후 진로나 삶이 전혀 예상하지 못한 방향으로 간 아이들이 있다. 성실하고 공부도 잘하던 아이였는데 대학에서 적응하지 못하고, 전공에도 관심을 갖지 못했다고 한다. 간신히 졸업 후 취업을 했지만, 회사나 조직을 1, 2년 버티지 못하고 그만두었다. 이런저런 알바를 하다가 본인이 잘하는 재주 하나로 그냥저냥 산다고 한다.

필자 후배 중에도 이런 아이가 있다. 지방에서 수재 소리를 듣고 서울대에 들어갔지만, 〈스카이 캐슬〉 영재처럼 '부모'라는 외적 동기 때문에 공부한 경우였다. 잔소리하는 엄마 때문에 '그래 내가 공부를 해 준다'

는 마음으로 참고 공부했다. 다행히 엄마가 원하는 대학과 과에 진학했다. 그리고는 대학에 가서 기숙사와 자취 생활을 하며 부모 영향에서 벗어나 정말 원 없이 놀았다고 한다. 결국 대학 성적은 낙제를 면할 정도의 점수였고, 졸업 후 1-2년 전공 관련 일을 하다가 결혼해 지금은 평범한 전업 주부로 살고 있다. 부모와의 관계는 여전히 냉랭하다. 주변에서는 '아이들도 어느 정도 다 컸으니 이제 대학원도 가고 공부도 더 해서 새로운 삶을 살라'고 하지만, 이 후배는 솔직하게 이야기한다.

"저는 제가 평생 해야 할 공부는 중·고등학교 6년 동안 다 한 것 같아요. 다들 너는 똑똑해서 공부하는게 제일 쉽지 않았냐고 하지만, 전 정말 이 악물고 손에 물집 잡히도록 공부했고, 대학만 가면 이 지긋지긋한 공부 다시는 안 하겠다고 생각했어요."

왜 이런 일이 생기는 걸까? 좋은 대학에 갈 수 있는 머리는 있었지만, 자기 마음에서 우러나오는 내재적인 동기로 공부하지 않았기 때문에 평생 동안 진짜 공부를 할 수 있는 에너지가 남지 않게 된 것이다.

성공했지만 주변을 힘들게 하는 사람들

공부와 입시를 넘어 사회에서도 이런 유사한 사례를 쉽게 찾아볼 수 있다. 우리나라는 어떤 면에서 '성공 지상주의' 사회이다. 수단과 방법을 가리지 않고 결과와 성과를 내면 성공을 어느 정도 인정해 준다. 여기서 말하는 성공은 대부분 물질적이고 세속적인 것이다. 얼마나 행복한가, 얼마나 인격이 성숙했는가는 별로 따지지 않는다. 돈을 얼마나 벌었나, 권력이나 명예를 얼마나 가졌는가가 중요하다. 하지만 부정적인 동기와 잘못된 과정을 통해 돈을 벌고, 권력과 명예를 얻은 사람들에게는 한 가지 공통점이 발견된다. 바로 가까운 주변 사람이 점점 힘들어진다는 것이다. 배우자와 자식이 힘들고, 바로 옆에서 같이 일하는 사람들이 힘들다. 보이는 성공이 커질수록 주변 사람들의 마음속에 기쁨과 평안함은 사라져 간다.

한 작가가 사회적으로 성공한 어느 사업가의 아내를 만나 이렇게 물었다고 한다.

"사모님은 참 좋으시겠어요. 이렇게 성공한 남편을 두셔서요."

그러자 그 부인이 정색하며 이렇게 물었다.

"선생님이 말하는 성공이 도대체 뭐죠? 선생님은 저 사람이 집에서 어떻게 하고 사는지 보셨나요?"

돈 많이 벌고 성공하면 행복할 것 같은데, 왜 한 사람의 성공과 행복이 함께 가지 못하는 경우가 많을까?

이 문제에 대한 하나의 답을 데이비드 호킨스의 《의식 혁명》에서 찾을 수 있다. 라이너스 폴링 박사(노벨 화학상 수상자이자 DNA의 구조를 밝혀낸 것으로 유명하다)와 《분자 교정 정신의학》이라는 책을 내기도 한 데이비드 호킨스는 '신체운동학(Kinesiology)' 이론을 통해 사람의 의식 세계를 수치화한 '의식지도'를 세상에 소개했다. 의식지도는 사람의 의식이나 영적인 에너지 수준을 1에서 1000까지의 수치로 나타낸 것이다.

예를 들어 수치심의 에너지 레벨은 20이다. 죄책감은 30, 무기력은 60, 슬픔은 75, 두려움은 100, 욕망은 125, 분노는 150, 자부심은 175이다. 여기까지가 부정적인 에너지이고, 에너지 레벨이 200인 용기를 지나면 긍정 에너지의 영역이 나온다. 용기는 200, 자발성은 310, 수용은 350, 이성은 400, 사랑은 500, 기쁨은 540, 평화는 600, 깨달음은 700-1000 수준이다. 700 이상은 거의 성인의 경지라고 할 수 있다.

공부를 잘해서 성적이 잘 나와 좋은 대학에 갔지만 이후 본인도 행복하지 못하고, 주변 사람도 힘들게 하는 우등생이 있다. 불굴의 의지로 노력해 사회에서 돈도 벌고 유명세도 있지만, 본인은 공허하고 주변 사람을 힘들게 만드는 사람들이 있다. 바로 200 이하의 에너지 수준에서 강력한 동기 부여가 되어 성과(?)를 낸 사람들이다.

부정적 성취동기의 왜곡된 결과

〈스카이 캐슬〉에서도 배우 염정아가 연기한 한서진은 수치심이 에너지의 원천이었다. 술주정뱅이 아버지를 둔 선짓국밥집 딸이라는 '수치심'이 그녀를 '치열하게' 살게 만든 원동력이었다. 신분을 속이고 의사 집안에 들어와 딸을 서울대 의대에 보내려고 애쓰는 며느리이자, 아이들을 위해 모든 것을 거는 엄마의 삶을 살았다.

《머니패턴》의 저자 이요셉 박사는 이렇게 수치심을 에너지 근원으로 쓰는 사람은 자기보다 못한 사람들을 경멸하고 무시하며 스트레스를 푼다고 한다. 극중에서 한서진이 자주 말했던 "아갈머리를 찢어 버릴라!"는 바로 그가 자기의 수치심을 감추고, 여린 자아를 방어하는 수단이었다. 데이비드 호킨스는 수치심을 가진 사람은 자기를 위협하는 존재를 '제거'하려는 충동을 갖는다고 본다.

자수성가로 성공하고 사회적으로 많이 알려진 한 지인의 성취동기도 이와 비슷했다. 그가 열심히 산 이유는 엄마가 자기 때문에 고생했다는 죄책감과 아버지의 폭력에 대한 슬픔과 분노였다. 그는 보통 사람이 상상하기 힘든 절제와 성실함으로 사회생활 10년 만에 큰 성공을 이뤘지만, 이후 감당하기 힘든 허무감으로 공항장애까지 겪어야 했다. 그의 배우자와 아이들의 얼굴에서는 웃음을 찾아보기 힘들었다. 그는 무언가 잘못된 것을 깨닫고 많은 심리 상담과 자기를 내려놓은 연습을 통해 간신히 위기에 빠진 가정을 구할 수 있었다고 한다.

아이에게 심어 주어야 할 긍정적 성취동기

우리는 아이를 키우면서 종종 '열심히 하는 것', '성과를 내는 것'에만 초점을 둔다. 어떤 동기에서 열심히 하고, 어떤 방법으로 성과를 내는지에 대한 관심은 상대적으로 적다. 하지만 진정으로 아이가 행복한 삶을 살기를 원하는 부모라면 아이가 열심히 공부하고, 무언가를 하려고 할 때, 그 동기가 무엇인지 세심히 살피는 지혜가 필요하다. 무엇이 부끄러워서, 누가 미워서, 누구에게 복수하려고, 이기적인 욕심이나 남을 무시하는 교만이 동기가 되어 이룬 성과는 오래 갈 수 없기 때문이다. 혹, 오래가는 것처럼 보일지라도 결국 가까운 사람들과의 관계를 파괴한다.

필자는 그동안 만난 몇 명의 학자들에게서 실력뿐만 아니라, 인격의 완성, 다른 사람들을 대하는 따뜻한 배려와 친절함을 느낀 적이 있다. 가장 인상 깊은 분은 한국명 '대천덕'으로 알려진, 예수원(Jesus Abbey) 설립자 아서 토레이 3세(R.A. Torrey III, 1918-2002)이다. 그는 미국인 선교사 가정에서 태어나 중국과 평양에서 어린 시절을 보내고, 미국 프린스턴 신학교에서 공부하고, 성공회 신학교 전신인 미가엘 신학원의 학장을 지냈다. 1965년에 태백 산골짜기에 기독교 공동체인 예수원을 설립해 평생을 노동과 영성 수련, 학문 연구에 매진했다. 그는 신학적으로나 사상적으로 상당한 경지에 올랐음에도 바보 같은 질문에도 친절하게 대답하기로 유명했다. 무엇보다 그의 자녀들은 "우리 아버지는 집 안에서나 밖에서나 한결 같은 분이었다."라고 기억했다.

그는 2차 세계 대전 당시 신학생으로 군대에 가지 않아도 됐지만, 대체복무로 상선에서 선원으로 근무했다. 이후 미국에서 목회할 때 부유한 교인들이 노동자들을 착취하는 것을 보고 용기 내어 부당함을 지적했다.

편한 미국 생활을 버리고 가난한 한국으로 다시 왔고, 뜻을 같이 하는 한국인들과 함께 새로운 공동체 실험을 했다. 그렇게 노동하고 영성 훈련을 하면서도, 그는 사회 정의와 토지의 공정한 사용에 대한 관심을 갖고 지속적으로 연구와 강연을 했다. 그의 삶을 보면 용기, 중용, 자발성, 수용, 이성, 사랑, 기쁨, 평화라고 하는 의식지도의 높은 수준이 하나하나 보인다.

한국인 중에도 훌륭한 인격을 가진 사람이 많지만, 나이가 들어서도 이른바 '꼰대'가 되지 않고 순수한 마음으로 자신의 일을 사랑하고, 그 일을 다음 세대에 전하고자 하는 겸손한 삶의 모습은 서양인에게서 많이 볼 수 있었다.

한번은 피트니스 전문가인 우지인 대표를 위해 통역을 한 적이 있다. 우 대표는 태보와 같은 새로운 운동법을 우리나라에 도입하고 끊임없이 자기 분야를 개척하고 공부하기 위해 노력했다. 당시 그는 미국에서 새로운 운동법을 하나 배워 한국으로 돌아왔는데, 미진한 부분이 있어 질문했더니 그 과정을 지도한 교수는 스카이프 화상 통화를 통해 좀 더 확실히 배울 수 있도록 1:1 강의를 해 주겠다고 했다. 필자는 스카이프 세션을 통역하는 일을 맡았는데, 많은 나이에도 불구하고 자기가 하는 운동을 사랑하고 하나라도 더 제자에게 가르쳐 주고자 하는 그 교수의 열정에 큰 감동을 받았다.

진이 빠지게 하는 우리나라 영재 교육

필자는 우리나라의 과학 기술 발전에도 불구하고 '왜 아직 과학 분야 노벨상이 나오지 못했을까'에 대한 답을 이런 관점에서 생각해 본다. 1983년 경기 과학고를 시작으로 30여 년간 '한 공부' 한다는 전국의 영재들을 모아 영재 교육을 시켜도 노벨상은 나오지 않았다. 여러 이유가 있겠지만 하나의 원인은 긍정적 동기 부여보다, 부정적 동기 부여로 아이들을 몰아갔기 때문이다. 우리나라 영재 교육은 어려서 완전히 진을 빼놓는다. 과학고, 영재고에 가려면 초등 저학년부터 영재반에 들어가 거의 고3에 가까운 생활을 하며 공부에 매달려야 한다. 어릴 때부터 하기 싫지만 해야 하는 공부, 경쟁에서 이겨야 하는 공부, 어른들을 기쁘게 해 주는 공부를 해야 하니, 진정으로 공부의 즐거움을 느끼지 못하는 경우가 많다. 조기 졸업해서 카이스트에 가고, 서울대에 진학하면 일단 목표 달성이다. 그리고 교수가 되고, 연구원이 되면 이제 자신이 할 일은 다했다고 생각한다. 내가 평생을 바쳐 연구하고, 그 연구에서 인생의 의미와 삶의 기쁨을 발견할 수 있는 에너지가 우리나라 영재들에게 남아 있지 않은 것 같다.

이런 모습은 공부뿐만 아니라 예체능 교육에서도 쉽게 볼 수 있다. 최근에 서울대 음대를 나오고 해외에서 유학까지 마친 유능한 악기 연주자 한 분이 자기는 앞으로 그 악기는 손도 대지 않겠다고 선언하는 모습을 봤다. 운동 분야에서 일가를 이루고도, 다시는 그 운동을 하지 않겠다는 선수들이 나온다. 왜 그럴까? 아이를 악기 연주하는 기계로 만들고,

메달 따는 기계로 만들기 위해 혹독하게 훈련시키고, 인내와 절제를 강요하다 보니 진짜 즐거움을 느끼지 못한 것이다.

하지만 서양의 많은 인재들은 어릴 때 이것저것 경험해 보고, 대학과 대학원을 가면서 정말 자기가 좋아하고 잘하는 것을 찾아가는 삶에 초점을 맞춘다. 어려서부터 인내와 열정을 방전시키지 않으니 평생 그 일을 할 수 있는 에너지가 남아 있다. 그러면서 본인이 평생 한 연구를 발전시키기 위해 제자를 기르고, 제자에게 모든 것을 전해 주고자 하는 친절한 마음이 생기는 것 같다. 즐거운 마음으로 자기 분야에서 일가를 이룬 사람들은 여유가 있고, 바보 같은 질문이나 몰상식한 질문에도 친절하게 대답한다.

부모가 읽어 주어야 할 아이의 마음과 동기

필자는 많은 아이들이 '의식지도'에서 말하는 200 이상의 긍정적인 동기 부여를 받았으면 좋겠다. 용기와 중용, 자발성, 수용하는 마음, 이성, 사랑, 기쁨, 평화의 의미가 무엇인지를 먼저 알고, 이후에 공부와 일에서 그 의미를 발견하고, 진정한 삶의 완성을 통해 더 행복한 삶을 살았으면 하는 바람이다.

이런 자녀 교육을 위해 아이에게 물어봐야 할 질문이 하나 있다.

"엄마, 나 태권도 배우고 싶어. 엄마 나 영어 학원 보내줘"라고 아이가 무언가를 하고자 한다면 "그런데 ○○는 왜 그게 하고 싶어졌어?"라고 아이가 그것을 하려고 하는 동기가 무엇인지 확인하는 질문이다. 아이가 수치심, 죄책감, 무기력, 슬픔, 두려움, 욕심, 분노, 자만으로 동기 부여되어 무언가를 하려고 하면, 아이의 상처 받은 마음을 먼저 다독여 주고, 대화를 통해 풀어 줄 필요가 있다. 반면 아이가 용기, 자발성, 사랑, 기쁨의 마음에서 어떤 일을 하고자 한다면 격려하고 적극 후원한다.

아이가 자라면서 부정적인 의식 수준을 전혀 경험하지 않고 살 수는 없다. 하지만 가능한 부정적인 감정을 최소화하도록 도와 준다면 아이는 더 행복한 삶을 살 수 있다. '아이가 뭐 좀 하겠다고 하는데 피곤하게 그렇게까지 해야 하냐'는 반론이 있을 수 있다. 하지만 현명한 부모가 시간을 내서 신경 써야 할 것은 아이의 문제지와 학원 스케줄이 아니라, 바로 아이의 마음이다. 그런 과정을 통해 형성된 아이의 긍정적인 마음이 평생을 행복하게 살 수 있는 진짜 공부 그릇 중 하나이다.

⊕⊖⊗⊙ 바로 실천하기

1. 저녁 시간이나 주말 여유 있는 시간에 아이가 의욕을 보이는 공부나 활동의 동기가 무엇인지 묻고 나누는 시간을 갖는다.
2. 본문의 내용을 아이에게 요약해 주거나 데이비드 호킨스의 《의식 혁명》을 읽는다. 아이가 이해할 수 있는 범위에서 '의식 수준'에 대해 설명하고, 결과보다 동기와 과정이 중요함을 이야기한다.

02

소통 보드로
잔소리를 줄인다

가장 무의미한 소통법, 잔소리

학원에서 20여 년 고3 담임을 하면서 학부모 상담 때마다 부모에게 자주 당부했던 말이 있다.

"집에서 부모님이 아이 보고 이래라 저래라 하면 잔소리밖에 안 되고, 오히려 싸움만 되니까, 눈에 거슬리거나 아이에게 하고 싶은 말이 있으면 제게 전화하세요. 그럼 제가 아이와 이야기해 볼게요. 똑같은 말을 하더라도 엄마, 아빠가 하는 말은 잔소리지만, 선생님이 하는 말은 조언이 되기도 하거든요."

고3뿐만 아니라 중·고등 시절 아이의 공부 의욕을 가장 확실히 꺾는 방법이 있다. 바로 "도대체 너 언제 공부할래?", "그렇게 해서 네가 원하는 대학(고등학교) 가겠어?"라고 잔소리하는 것이다. 잔소리는 스트레스 호르몬만 증가시키고, 아이의 행동을 변화시키는 데 전혀 도움이 안 되는데, 부모 입장에서는 안 할 수 없는 딜레마다.

잔소리의 사전적 정의는 "쓸데없이 반복해서 하는 이야기", "필요한 말이지만 지나치게 반복되어 듣기 싫은 이야기"라고 할 수 있다. 고3이나 인생의 중요한 순간에 잔소리하지 않고, 아이와 평화로운 소통을 하려면 가능한 아이가 한 살이라도 어릴 때부터 올바른 의사소통을 하는 훈련이 필요하다.

잔소리의 구성 요소

"불 끄고 다니라고 도대체 몇 번을 말하니? 한 번도 제대로 엄마 말 듣는 적이 없어!"

"학교 갔다 오면 숙제부터 하고 게임하든, 밖에 나가 놀든 하라고 몇 번을 말하니? 하여간 너 때문에 엄마 속이 새카맣게 타들어간다!"

부모들이 자주 하는 잔소리는 '이미 전에도 말했는데, 계속 고쳐지지 않는다'는 불만과 아이에 대한 비난, 원망이 주를 이룬다.

부모가 잔소리하는 의도는 분명하다. 아이에게 올바른 습관을 만들고, 앞으로 더 나은 삶을 사는 데 도움을 주기 위함이다. 하지만 이렇게 선한 의도가 다듬어지지 않은 표현으로 나가고 결국 변하지 않는 아이의 행동으로 이어지는 악순환이 반복된다.

잔소리 대신 쓸 수 있는 전략

정신의학과 박사인 윤대현 교수는 잔소리를 통해 부정적인 말을 쏟아 내면 이를 듣는 자녀나 배우자는 이미 자신이 한 잘못에 대한 '죄 값'을 치렀다고 생각하기 때문에 잘못된 행동이나 습관을 고치고자 하는 의지는 더욱 줄어든다고 한다. 오히려 잘못된 행동에 대해 묵인하거나 용서해 줘서 상대가 미안한 마음을 갖게 하는 것이 행동의 변화를 이끌어 내는 좋은 전략이다.

《춤추는 고래의 실천》에서 켄 블랜차드는 '알, 보, 시, 고'의 원칙을 소개한다. 아이가 잘못된 행동을 하거나 교정이 필요한 습관이 있다면 '알려 주고', '보여 주고', '시켜 보고', '고쳐 주는' 것이다. 그리고 변화된 모습을 칭찬하면 좋은 행동이 강화된다고 말한다. 비난과 비평은 사람의 행동을 바꿀 수 없다.

문제는 이렇게 아이의 잘못을 묵인하고, '알, 보, 시, 고'의 원칙을 적용할 만큼 부모의 마음이 여유롭지 못하다는 점이다. 나도 지치고 힘든데 똑같이 반복되는 잘못된 행동이나 안 좋은 습관을 보고, 매번 성인군자처럼 못 본체하고 침착하게 '알, 보, 시, 고'를 적용하기란 쉽지 않다. 그렇기에 필자가 이전부터 계속 권하는 방법은 '소통 보드'를 통한 부모와 자식 간 소통의 장 만들기이다.

소통 보드를 통한 효과적인 대화 방법

우선 마트나 문구점에서 작은 화이트보드를 구입한다. 화이트보드에 엄마, 아빠가 아이에게 하고 싶은 말을 하나둘 적어 놓는다. 아이도 엄마, 아빠에게 하고 싶은 말을 옆에 적게 한다.

우리 가족의 소통 보드	
엄마, 아빠가 _____에게 하고 싶은 말	_____가 엄마, 아빠에게 하고 싶은 말

예를 들어 아래와 같이 자녀에게 하고 싶은 말을 적고, 자녀도 부모에게 하고 싶은 말을 적게 한다. 아이가 글을 모르거나 스스로 적을 수 없는 나이면 그 내용을 부모가 대신 적는다.

우리 가족의 소통 보드	
엄마, 아빠가 진수에게 하고 싶은 말 → 학교 갔다 온 다음에는 숙제 먼저 하고 놀기	진수가 엄마, 아빠에게 하고 싶은 말 → 게임하지 말라고 잔소리하지 않았으면
엄마, 아빠가 수진이에게 하고 싶은 말 → 밥 먹을 때 돌아다니지 않았으면	수진이가 엄마, 아빠에게 하고 싶은 말 → 미미 인형 사 줬으면

눈에 거슬리는 아이의 행동이나 말이 있어도 가능하면 저녁이나 주말이 될 때까지 기다리고 가족 모두 마음의 여유가 있을 때 이 문제에 대해 이야기한다. 아이의 안전이나 생명과 관련된 내용이 아니라면 가능한 언급하지 않고 그냥 넘어간다.

이렇게 하면 잔소리하는 순간의 분노나 감정이 절제되지 않는 상황을 피할 수 있다. 또한 대화 시간에 좀 더 이성적으로 내가 왜 이것이 필요하다고 생각하는지, 이렇게 말하는 의도가 무엇인지, 그것이 안 되었을 때 엄마, 아빠의 마음이 어떤지를 아이에게 자세히 설명할 수 있다.

잔소리할 때의 가장 큰 문제는 부모나 아이가 감정적인 상태가 되어 이성적인 대화가 안 된다는 것이다. 잘못된 행동을 반복하는 아이의 모습을 보면 부모는 분노 상태에서 대화를 시작하게 되고, 표현도 친절하게 되지 않는다. 그러면 마음이 상한 아이도 감정적으로 대응한다.

"야! 유튜브 좀 작작 보라고 몇 번을 이야기했니? 아주 하루 종일 보고 앉아 있어."

"하루 종일 아니거든, 한두 시간 본 거야."

"한두 시간, 그게 짧은 시간이야? 하여간 스마트폰을 없애 버리든지 해야지."

"아 왜? 엄마도 맨날 스마트폰 하면서…."

위와 같은 주제의 대화를 소통 보드를 통해 한다면 어떻게 될까?

우선 아이는 소통 보드에 어떤 주제가 있는지 보고 마음의 준비를 하거나 나름의 대응 논리를 생각할 시간을 갖게 된다. 부모도 이성적으로 왜 그런 습관이나 행동을 고치면 좋겠는지 상세히 이야기할 수 있다.

"오늘 저녁은 이 소통 보드에 적힌 내용을 가지고 이야기해 볼까? 엄마가 뭐라고 적어 놨지?"

"유튜브 보는 시간을 하루에 2시간 이내로 줄였으면… 이라고요."

"그래, 엄마는 왜 이 내용을 적었다고 생각하니?"

"제가 유튜브를 너무 많이 봐서요. 그런데 저만 그런 게 아니에요. 제 친구들 대부분 그 정도는 봐요. 그리고 유튜브로 배우는 것도 많아요."

"그런데 엄마는 네가 영상이나 미디어에 많이 노출되면, 책을 읽거나 친구들과 놀거나 하는 현실 삶에서 멀어지고, 나중에 스마트폰 중독이나 게임 중독이 될까 봐 염려가 돼. 최근에 TV 다큐멘터리를 봤는데, 요즘 점점 스마트폰 중독이 심해져서 아이들에게 목 디스크도 많이 생기고, 책 한 페이지도 제대로 못 읽는 아이들이 많아졌다고 하더라고."

"저는 그 정도는 아니에요."

"그럼 어떻게 하면 엄마가 염려하는 부분도 해결하고, 네가 보고 싶은 것도 볼 수 있는 절충점을 찾을 수 있을까?"

이런 식으로 충분한 시간과 여유를 가지고 부모가 아이에게 바라는 점과 아이가 부모에게 바라는 점을 이야기하면, 의외의 지점에서 문제의 핵심을 발견하고 대안을 찾을 수 있다.

많은 상담 전문가들이 아이와 대화할 때 닫힌 질문을 하지 말고, 열린 질문을 하라고 한다.

"너는 도대체 왜 그렇게 하루 종일 유튜브만 보니?" 이게 잔소리 상황에서의 닫힌 질문이라면, "유튜브 보는 시간은 네가 스스로 조절하려면 어떻게 해야 할까?"는 열린 질문이다.

위와 같은 대화법이나 열린 질문법을 적용하려면 우선 여유 있는 시간과 공간이 마련되어야 한다. 엄마, 아빠도 마음에 여유가 있어야 이성적인 대화가 가능하기 때문이다.

실천의 증거 남기기

대화 이후에 냉장고나 벽에 그동안 아이가 고친 이전의 나쁜 습관이나 엄마, 아빠가 아이의 요구를 들어 준 리스트를 눈에 보이게 게시하는 것도 좋은 방법이다. 예를 들어 다음과 같은 내용으로 그동안의 소통 보드 성과를 기록한다.

★ 소통 보드 대화를 통해 진수가 고친 습관

- 자기 전에 양치질하기
- 밖에 나갔다 와서 손 반드시 씻기
- 학교 갔다 와서 숙제 먼저 하고 놀기
- 하루에 유튜브 한 시간 내로 보기

- 가족과 함께 유튜브나 게임하는 시간 만들고 지키기

★ 소통 보드 대화를 통해 엄마, 아빠가 지킨 것
- 주말에 자전거 같이 타기
- 저녁에 보드 게임 같이 하기
- 일주일에 두 번 이상 아이스크림 사 주기

이처럼 성과를 기록하면 '너는 엄마, 아빠 말 들은 적이 한 번도 없다'거나 '엄마, 아빠는 내가 원하는 것은 하나도 들어 주지 않는다'라는 성급한 일반화는 발붙일 곳이 없게 된다.

감동적인 실천 사례

소통 보드를 실천하는 여러 가정에서 피드백을 받았다. 가장 인상적인 내용 중 하나는 초1 민식(가명)이네 사례이다. 엄마는 아이에게 바라는 내용으로 '학교 갔다 와서 씻고 먼저 숙제 했으면', '동생과 싸우지 않았으면' 이라고 적어 두었다. 민식이는 엄마, 아빠에게 바라는 내용에 '엄마, 아빠 사랑해요'라고 적었다고 한다. 이런 민식이의 모습을 보고, '엄마 아빠는 너에게 무언가를 바라고 있지만 너는 엄마, 아빠의 존재 자체를 사랑하고 있구나'라는 생각이 들어 울컥하고, 아이의 마음에 감동했다고 한다.

또 다른 가정에서는 아이가 '엄마, 아빠가 싸우지 않았으면'이라고 적어서 부모는 깜짝 놀랐다. 집에서 싸움을 거의 하지 않는 부부였기 때문이다. 이 내용을 보고 부부는 자신들의 작은 언쟁도 아이에게는 싸움으로 보여질 수 있고, 논쟁이 있을 때 싸우는 것이 아님을 아이에게 알려 주고, 논쟁이 있고 난 이후에도 화해하고 서로 사랑하는 모습을 보여 주어야겠다고 생각했다고 한다.

이렇게 소통 보드는 가정에서 소통의 마중물이 되는 좋은 도구이다. 많은 가정에서 실천해 보고, 더 많은 실천 사례들이 소개되었으면 하는 바람이다.

⊕⊖⊗⊙ **바로 실천하기**

1. 화이트보드를 사서 식탁 앞에 두고 소통 보드를 실천한다.
2. 주말을 활용해 소통 보드에 적힌 내용에 대해 1-2시간 이상 충분히 이야기를 나눈다.
3. 소통 보드를 통해 실천한 내용이나 변화된 습관을 꾸준히 기록하고, 온 가족이 서로 공유한다.

햇살이네는 '소통 보드' 대신 '소통 일지'를 쓰면서 노트 한 권에 가족들이 소통한 내용을 꾸준히 기록하고 있다. 확실히 아이를 향한 잔소리가 줄고, 아이가 부모에게 어떤 생각을 하고 있는지 구체적으로 파악할 수 있었다고 한다.

관우네는 소통 보드를 넘어 매일 자기 전 하루 동안 있었던 일에 대한 '감사 나눔'과 가족 간에 장점을 나누는 '존경 나눔'을 꾸준히 실천하고 있다. 개인적인 감사 일기를 넘어 가족 간에 감사와 존경을 공유하면서 사랑이 더욱 깊어지는 것을 느꼈다고 한다.

가족 소통 일지를
쓰는 햇살이네

소통 보드뿐 아니라 감사 나눔,
존경 나눔을 실천하는 관우네 가정

03

어른의 방해 없이
자신의 재능을 찾게 한다

부모의 생각이나 바람은 내려놓기

모든 아이는 나름의 재능을 가지고 태어난다. 그 재능이 잘 발현되도록 부모나 교사가 도와야 하는데, 막상 교육 현장에서는 그렇지 못한 모습이 많이 나타난다. 많은 부모들이 '아이의 재능을 어떻게 찾아 주어야 하나?' 질문한다. 필자가 지금까지 관찰한 바로는 아이의 재능을 찾아 주기보다, 아이의 타고난 재능을 방해하지만 않아도 아이는 스스로의 재능을 찾을 수 있다.

또한 '아이가 꿈도 목표도, 좋아하는 것도 없다'는 이야기도 많이 듣는다. 이 문제도 대부분의 경우 아이가 좋아하고 잘하는 것을 솔직하게 표현할 기회를 주지 않는 데 원인이 있다.

서울대 재학 시절 철학 수업을 하나 들었는데, 한 법대생이 이런 발표를 했다. 자기는 고등학교 다닐 때부터 철학에 관심이 많아서 철학과에 진학하고 싶었는데, 부모님의 강요로 법대를 지원했다고 한다. 법대에 와서 공부해 보니 적성도 안 맞고, 사법고시도 보고 싶지 않았다. 철학과로 전과하거나 부전공이라도 하고 싶은데, 이 또한 부모님의 반대로 하지 못하고 있다며 고민하는 내용이었다.

사실 자기가 공부하고 싶던 것도 대학 전공으로 막상 공부하면 생각했던 내용과 달라 많은 학생들이 진로를 고민하고 방황한다. 그런데 수능 점수에 맞춰 대학을 가면 본인의 의지와는 상관없이 엉뚱한 전공을 선택하는 경우가 많다.

입시 현장에서 제일 많이 나오는 이야기는 '그런 전공해서 먹고살 수 있겠냐'라는 말이다. 하지만 어차피 35만 명이 4년제 대학에 가서 졸업했을 때, 10만 명도 제대로 된 정규직 일자리를 얻기 힘든 시절이다. 또한 앞으로는 하나의 전공으로 10년, 20년 이상의 일자리를 보장받기도 힘들다. 어차피 돌고 돌아 국가 시험을 준비하고, 비정규직 일자리를 얻을 거라면 자기가 몰입하고 집중할 수 있는 과목을 전공하고, 이후 필요에 따라 다른 공부를 하는 것도 하나의 방법이다.

필자는 고3 학부모 상담을 할 때 '가능하면 아이가 공부하고 싶다는 전공을 선택하게 하고 부모의 생각이나 바람은 내려놓는 게 좋지 않을까'라는 조언을 했다. 또한 집안 형편에 대한 염려나 부모의 기대에 대한 고려가 많은 학생들에게는 "네가 100억이 있어도 그 전공을 할까?"라는 질문을 하기도 했다. 부모뿐 아니라 많은 학생들이 경제적인 문제나, 사회적 평판을 고려해 과나 대학을 선택하는 경우가 많기 때문이다. '100억 질문'은 경제적인 염려나 불안에서 벗어나 내가 진정으로 좋아하고, 하고 싶은 게 무엇인지 객관적으로 생각하게 한다.

어릴 때 아이의 재능을 발견하는 방법

아이의 재능을 알아보는 방법이 있다. 대학생과 성인 진로 지도 강좌를 20년 이상 진행한 교육 전문가가 알려 준 아이디어다.

아이가 어릴 때 같이 도서관에 가서, 보고 싶은 책을 골라 오게 한다. 부모가 이 책을 읽어라 저 책을 읽어라 강요하지 않고, 오직 아이가 읽고 싶은 책만 읽게 한다. 그러고는 그 책의 목록을 2-3년 정도 쭉 적는다. 이 리스트를 몇 년만 관찰해도 아이가 어느 분야에 관심이 있는지 정확히 파악할 수 있다. 아이는 본인이 좋아한다고 착각하는 주제와 자신이 진짜 좋아하는 주제를 분명히 알 수 있다. 좋아한다고 착각하는 주제에 대해 3년간 꾸준히 읽기란 쉽지 않기 때문이다.

어떤 아이는 자동차와 기차에 관한 책을 보다가, 점점 기계나 과학사에 대한 관심사로 확대된다. 어떤 아이는 동물과 인체에 대한 책을 보다가, 자연과학이나 의학에 관심을 집중할 수 있다. 어떤 아이는 역사와 위인전을 보다가, 정치나 전쟁에 관한 관심사로 확대될 수 있다.

아이의 재능보다 부모의 태도가 더 문제

문제는 아이가 어느 분야에 관심을 표현할 때, 그것을 부모가 있는 그대로 받아들이는 포용력이 있느냐이다.

한번은 지방 강연 후에 진행한 교육 간담회에서 한 엄마가 이런 질문을 했다.

"아이를 의대에 보내려고 하는데 어떤 로드맵으로 아이를 인도해야 할까요?"

"지금 아이가 몇 학년인가요?"

"초등학교 1학년이요."

아이를 의대에 보내려는 엄마가 초등학교 1학년 아이에게 보여 주고 읽히고 싶은 책은 무엇일까? 유명한 의사들의 전기나 의학에 관련된 내용, 해부학이나 생물학과 관련된 어린이 과학책이 아닐까? 그런데 아이가 시, 소설, 역사책을 가져오면 부모는 아이의 선택을 불편한 기색 없이 있는 그대로 받아들일 수 있을까? 아이들은 부모의 마음을 정확히 읽는다. 배려심이 많거나 부모를 실망시키면 안 된다고 생각하는 아이들은 본인의 진짜 재능을 놓치고, 엉뚱한 진로를 자기 길이라고 착각해 대학에 가고, 사회에 나온다. 그런 경우 다시 제 길로 돌아가는데 상당한 대가를 치러야 한다.

그래 한번 해 봐!

창의적인 노랫말과 멜로디로 〈K팝스타2〉에서 1등을 하고 가수로 데뷔한 악동뮤지션의 찬혁 군은 부모에게 음악을 하겠다고 선언했을 때, 찬혁 군의 엄마는 이렇게 이야기했다고 한다.

"그래 한번 해 봐. 잘 되면 좋고, 안 되도 그 과정에서 무언가 배울 수 있을 거야."

사실 예체능으로 성공하고, 먹고사는 문제를 해결하기란 쉽지 않다. 많은 부모들이 아이가 중·고등학교 때 예체능 쪽으로 진로를 정한다고 하면 이렇게 말한다.

"좋은 생각인데, 너무 늦지 않았을까? 이미 유치원 때부터 훈련받은 아이들이 많은데…."

만약 찬혁 군의 엄마도 이런 반응을 보였다면, 우리는 악동뮤지션의 독창적인 노래를 듣지 못했을 것이다.

후기 인상파의 대표적인 화가로 뽑히는 빈센트 반 고흐가 그림을 본격적으로 그리기 시작한 때는 그의 나이 28살이었다. 이전의 삶은 많은 독서와 수많은 방황, 그리고 정신 질환으로 인한 주위 사람들과의 불통이었다. 늦게 그림을 시작했지만 그는 열정적으로 그림을 그렸고, 가난과 정신 질환, 힘든 인간관계라는 역경을 뚫고, 10여 년 동안 900점에 가까운 작품을 그려, 〈별이 빛나는 밤〉, 〈자화상〉, 〈해바라기〉와 같은 불멸의 작품을 남겼다. 하지만 그의 아버지도 그가 늦은 나이에 그림을 그리는 것을 반대했다.

정말 좋아하고 잘하는 일이라면 비록 출발이 늦을지라도 충분히 성과를 낼 수 있다. 하지만 20대에 반드시 대학을 가야 하고, 그 나이에 반드시 뭘 해야 한다는 당위와 남들의 시선이 신경 쓰이는 게 우리 사회의 분위기이다. 이런 가운데 부모가 아이의 재능이 드러나고 꽃피우기까지 기다려 주기 위해서는 상당한 내공이 필요하다.

아이가 재능을 발견하게 도와주는 가장 좋은 방법은 "그거 좋은 생각이다. 그래 한번 열심히 해 봐"라는 부모나 교사, 어른들의 격려이다. 그런 격려는 아이만의 고유한 재능을 인정하고, 나의 생각을 강요하지 않으려는 건강한 생각에서 나온다. 아이의 재능을 발견하기 위해 이런저런 경험을 시키고, 프로그램에 보내고, 로드맵을 짜 주는 것보다 더 중요한 것은 부모의 마음가짐이다. 또한 도전 과정에서 아이가 시행착오를 겪고 힘들어 할 때 다시 일어날 수 있도록 격려하는 것이 어른들이 해야 할 가장 큰 역할이다.

⊕⊖⊗⊙ **바로 실천하기**

1. 아이가 읽는 책의 목록을 꾸준히 기록하게 하고, 왜 그 책을 읽는지 이야기 나눌 수 있는 시간을 갖는다.
2. 아이가 무언가를 해 보겠다고 할 때, "쓸데없는 짓 하지 말고 공부나 해"라고 말하기 전에, 왜 그것을 하고 싶어 하는지 충분히 설명할 시간을 준다.
3. 아이가 무언가를 해 보겠다고 할 때, '범죄가 아닌 것은 한번 하게 해 주자'라는 마음으로 최소한 2-3번 이상 기회를 주고, 아이의 재능이 드러날 때까지 기다리는 마음의 여유를 갖는다.

04

아이를 형제나 다른 아이와
비교하지 않는다

하루 종일 수학을 공부해도 성적이 잘 오르지 않는 아이

학원에서 고3 담임을 맡았던 학생 중 한 아이가 수학 성적이 계속 잘 안 나왔다. 하루에 수학만 5-6시간을 공부하는 성실한 학생이었는데도 수학 점수는 답보 상태였고, 문제가 조금만 변형돼 나오면 모의고사 성적이 크게 떨어졌다.

수학 선생님과 아이의 성적에 대해 의논하니, "잔 실수가 많고, 조금만 문제 형태가 바뀌어도 적응하지 못한다"며 노력한 만큼 점수가 나오지 않아 선생님도 이 학생만 생각하면 많이 안타깝다고 했다.

상담도 하고, 공부 방법도 물어보았지만 원인을 쉽게 찾을 수 없었다. 그러다 원서 쓰기 전 어머니와 언니가 같이 와서 상담할 때 미묘한 세 모녀의 관계에서 한 가지 원인을 추측할 수 있었다.

언니는 공부를 잘했는데 이 학생은 알게 모르게 집에서 언니와 비교된다는 의식이 강했다. 어머니가 대놓고 언니와 비교한 것은 아닌데, 아무래도 언니에게 쏠리는 관심, 그리고 상대적으로 언니만큼 부모의 인정을 못 받고 있다는 강박 관념이 이 학생의 마음을 평안하게 하지 못한 것 같았다. 이런 마음은 기껏 문제를 다 풀고도 마지막 계산에서 틀리거나, 문제가 조금만 바뀌면 긴장해서 공부한 내용을 적용하지 못하는 심리적인 문제로 작용하는 듯했다. 이 점을 어머니께 넌지시 이야기하니, 어머니도 그런 것 같다고 인정했다.

"우리가 집에서 '너는 왜 그렇게 언니만큼 못하니'라고 말하지 않지만, 아무래도 집안 분위기상 아이가 그런 부담을 느낄 수도 있을 것 같아요."

이런 가정과 반대로 형제 간 사이가 좋아서 오히려 성적도 잘 나오고, 두 아이 모두 학원 생활을 즐겁게 하는 모습도 종종 보았다. 한 자매는 고3, 고2 때 같이 학원에 다녔는데, 동생이 공부를 훨씬 잘했다. 정규 입시 과목 이외에 토플 특강도 들었는데, 동생 점수가 언니보다 훨씬 높았다. 그런데 동생은 자기에게 잘해 주는 언니를 무척 좋아했다. 언니도 자기보다 똑똑하고 공부 잘하는 동생을 자랑스러워했다. 두 자매 모두 입시 스트레스를 크게 받지 않고 학원도 즐거운 마음으로 다녔고, 각자 자기 실력에 맞는 대학에 입학했다.

집에서 어릴 때 비교당하지 않고,
중·고등학생 때 적절한 스트레스가 주어지는 경우

이 주제와 관련해 필자의 사례도 몇 가지 중요한 시사점을 줄 수 있을 것 같다. 필자는 두 살 터울의 동생이 초등학교 시절 들로 산으로 다니며 놀기만 하다가 어떻게 중학교 때부터 마음잡고 공부해서 서울대까지 갔는지 지금도 의아하다. 여러 가지 비결이 있겠지만 그중 하나는 부모님이 동생을 형과 비교하거나 동생이 주눅 들지 않게 하셨던 것이라고 생각한다. 필자는 초등학교 때부터 성적이 잘 나오고, 책도 많이 보는 이른바 '엄친아'(엄마 친구 아들) 모범생 타입이었다. 반면 동생은 낮에는 들로 산으로 뛰어다니고, 저녁에는 피곤해서 잠자기 바빴다. 집에서 조용히 앉아서 책 읽는 모습을 본 적이 거의 없다. 그런데도 부모님은 동생에게 "너는 맨날 그게 뭐냐? 형 반만이라도 해라, 형처럼 공부 좀 해라"라는 말을 하지 않았다. 그래서인지 동생은 성적이 안 나오는 것에 큰 스트레스를 받지 않았다. 오히려 공부 잘하는 형을 둔 것을 자랑스러워했다.

필자의 초등학교 졸업식에서 찍은 사진 한 장은 그런 모습을 상징적으로 보여 준다. 농사일에 바쁜 아버지는 오지 않으셨고, 어머니와 당시 4학년이던 동생과 함께 찍은 사진이다. 필자는 우등상과 개근상 메달을 목에 걸고, 동생은 형의 졸업장을 들고 있다. 동생의 표정은 시기나 질투보다 "형아는 공부 잘해서 이런 것도 받는구나"라는 해맑은 모습이다.

부모님이 필자와 동생을 비교하거나 경쟁시키지 않은 것은 확고한 교육 철학이라기보다, 좀 더 현실적인 이유가 있었다. 동생은 어릴 때 침대에서 떨어진 이후로 코 혈관이 약해져 코피가 자주 났다. 심할 때는 거의 한 세수 대야를 쏟을 때도 있었다. 병원에서는 아이가 어느 정도 클 때까지는 별다른 수술이나 조치도 힘들다고 했다. 그러다 보니 부모님은 동생이 공부하다 코피를 쏟는다는 것은 상상할 수 없는 일이었다. 그저 얼른 커서 코 혈관 수술을 받을 때까지 건강하기를 바랐다. 그래서 낮에 실컷 뛰어놀든, 저녁에 실컷 자든, 숙제를 얼마나 하고, 성적이 어떻게 나오는지 잔소리하거나 동생을 혼낸 적이 거의 없었다. 이런 천운(?)이 따른 동생은 어린 시절 경쟁의식이나 쓸데없는 열등감 없이 자랄 수 있었다. 그러다 시련은 중학교 때 찾아왔다. 당시에는 시험마다 전교 성적을 게시했다. 필자와 같은 중학교를 다닌 동생은 약간의 스트레스를 받아야 했다. 수업에 들어오는 선생님들이 "네가 우리 학교 전교 몇 등 누구누

필자의 초등학교 졸업 사진. 우등상을 탄 형의 졸업장을 동생이 자랑스럽게 들고 있다

건강을 우선으로 생각했던 부모님은 동생에게 잔소리를 거의 하지 않았고, 덕분에 동생은 어린 시절 마음껏 뛰어놀았다

구 동생이냐?"고 물었기 때문이다. 어려서부터 '마음의 평안'이라는 공부 그릇을 기른 동생은 오히려 이런 스트레스를 긍정적으로 받아들였고, '그까짓 공부, 나도 한번 해 보자'라는 오기가 생겼던 것 같다.

심리학에서는 이를 긍정적 스트레스(facilitative stress)라고 한다. 스트레스가 부정적인 역할을 많이 하지만, 때로는 어느 정도 스트레스가 있어야 게을러지지 않고, 노력도 하게 된다. 교육적으로 보면 '비교와 경쟁'이라는 스트레스가 성적 향상이나 성과라는 긍정적인 쪽으로 작용하려면 동생의 경우처럼 집에서는 비교 당하지 않고, 학교나 사회에서 적절한 스트레스를 받는 상황이 전개되어야 하는 것 같다.

이런 의미에서 아이가 '평안한 마음'이라는 정서적인 공부 그릇을 기르기 위해서는 가능한 12살 이전, 청소년기 이전에는 형제 간이나 다른 친구들과 비교 평가하는 스트레스를 받지 않는 것이 필요하다. 특히 형제 간의 편애나 비교는 한 아이의 가능성을 죽일 뿐 아니라 관계도 안 좋아지는 최악의 양육이다. 그런데 막상 아이를 키우며 자녀를 항상 공평하게 키우기란 쉽지 않다. 부모는 최대한 공평하게 키우고 아이들을 비교하지 않는다고 하지만, 아이가 다른 형제에게 시기 질투를 느끼거나 차별받는다고 느끼기도 한다.

이 문제에 대해 필자는 크게 세 가지 원칙을 제안한다.

첫째, 형제가 다툴 때 무조건 한쪽을 질책하거나 형이나 동생에게 양보나 이해를 강요하지 않는다. 각자 충분히 자기감정을 쏟아 낼 시간을 주고 마음을 읽어 준다.

둘째, 형제가 많을수록 부모를 독점할 수 있는 그 아이만의 시간을 확보한다. 다른 교육 이슈에서도 많이 권하는 방법인데, 한 아이하고만 산책을 가거나 마트에 가며 엄마나 아빠의 사랑과 관심을 독차지하고, 마음속 이야기를 할 수 있는 시간을 주는 것이다.

셋째, 아이가 가지고 있는 능력이나 재능을 형제와 절대 비교하지 않는다. 무엇보다 이런 소통을 꾸준히 할 수 있는 가족 간의 떼어 놓은 시간과 장소가 마련되어야 한다.

핵심은 아이가 어릴 때 집에서 비교를 당해서 주눅 들거나 평안한 마음이 깨지는 일이 없도록 하는 것이다.

⊕⊖⊗⊙ 바로 실천하기

1. 은연 중에 아이를 다른 형제나 친구와 비교하는 말이나 행동을 하지 않았는지 살펴본다.
2. 아이나 배우자에게 내가 아이를 다른 아이와 비교한 적은 없는지 물어본다. 혹시 있다면 왜 비교하는지 생각해 보고, 배우자나 멘토가 될 만한 사람과 이야기를 나눈다.
3. 아이에게 비교하는 말을 했다면 용서를 구하고, 앞으로는 그러지 않기로 약속한다. 이를 지키기 위해 최대한 노력한다.

05

화목한 가정이 아이의
평안한 마음을 지킨다

부부 싸움과 아이의 마음

아이들은 마음이 불안하면 공부에 집중할 수 없다. 화목한 가정에서 자라는 아이가 모두 공부를 잘하는 것은 아니지만, 부모가 심하게 싸우거나 기본적인 양육 환경이 되지 않아 정서적 불안이 있는 아이가 공부를 잘하는 것은 거의 불가능에 가깝다.

대학 편입을 지도하면서 만난 지은(가명)이도 이런 어려움을 겪은 경우였다. 머리가 좋아 성적도 잘 나왔고 학교에서 선생님께 칭찬도 많이 받았는데, 학교 끝나고 집에 가기가 두려웠다고 한다. 엄마의 종교 문제로 엄마, 아빠는 매일 싸웠고 마침내 엄마는 가출했다. 이후 폭풍 같은 청소년기를 보내고, 간신히 전문대에 입학 후 사회에 나왔는데, 공부에 대한 미련을 버릴 수 없었다. 그래서 편입 시험에 도전해 다행히 본인이 원하는 대학에 진학했다.

현수(가명)네 가정도 어려서 부모님이 심하게 다툴 때가 많았다. 현수와 동생이 청소년기가 되자, 다행히 부모님은 아이들이 대학 갈 때까지는 싸우지 말자고 타협했다. 하지만 어려서의 충격이 깊게 남아서인지, 현수는 큰소리로 다투는 어른들의 목소리만 들어도 심장이 뛴다고 했다. 현수도 머리가 좋아서 상위권 성적을 유지했지만, 결정적으로 수능에서 평소 모의고사 점수보다 10-20점이 덜 나왔다. 대학은 그런대로 갔지만, 이후 진로 선택이나 결혼에서도 계속 '장고 끝에 악수를 두는' 지혜롭지 못한 결정이 이어졌다.

20년의 입시 지도와 많은 제자들의 사회생활을 지켜보니 머리는 좋고 똑똑하지만, '평안한 마음'이 없던 제자들의 삶은 그리 평탄하지 못했다. 좋은 머리로 환경의 어려움을 극복할 수 있는 최대치는 대학 입학이나, 이후 좋은 직장 취직까지였다. 대부분 대학에 가서 방황했고, 사회생활을 하더라도 한 분야의 일을 꾸준히 하거나 자신의 삶에 만족하고 행복한 삶을 이루는 데 많은 어려움을 겪었다.

아이의 평안한 마음 만들어 주기

그러면 아이가 평안한 마음으로 입시와 같은 좁은 의미의 공부에서 성과를 낼 뿐만 아니라, 이후 평생을 살아가며 후회 없는 결정을 하고 행복한 삶을 살 수 있도록 도우려면 부모는 무엇을 해야 할까?

'가족 세우기(Family constellation)'라는 가족 치유 프로그램이 있다. 부모와 자녀의 가정에서의 위치를 파악해 프로그램에 참여하는 사람을 세워 놓고 각 구성원의 마음을 읽는 과정이다. 각 구성원의 거리와 방향에 따라 역할을 맡은 사람의 감정에 미묘한 변화가 생긴다. 흥미로운 것은 부부 간의 거리가 가까우면 가까울수록 자녀들은 편안한 마음을 느낀다는 점이다. 자녀와 부모 사이를 떨어뜨려 놓아도 엄마, 아빠의 거리가 가까우면 자녀들은 두려움이나 불안한 마음이 거의 들지 않는다. 부부 간에 거리가 가깝고 화목할수록 아이들이 사회생활이나 독립된 개체로의 삶을 좀 더 잘 살 수 있음을 보여 준다.

부부 간의 화목이 아이의 정서적인 안정이나 이후 행복한 삶에 큰 영향을 미치는지는 굳이 가족 세우기 같은 심리 프로그램에 참석하지 않아도 직관적으로 알 수 있다. 결국 문제는 어떻게 부부 간의 올바른 관계를 설정하고, 아이에게 정서적 안정이라는 마음의 그릇을 만들어 주냐이다.

상처를 넘어 다시 공부하고, 새롭게 도전하기

수현(가명) 씨는 명문대에서 미술을 전공하고, 같은 대학을 나와 교수가 된 선배와 결혼해 아이 하나를 두었다. 사실 본인은 결혼할 생각이 전혀 없었다고 한다. 화목하지 않은 부모 밑에 자라 부부가 서로 사랑하고 아껴주는 모습을 보지 못한 그는 '나는 결혼해서는 안 될 사람'이라고 생각했다고 한다. 그러다 우연히 동아리 선배를 사회에서 만나, 뒤늦게 결혼했다. 결혼을 결심한 결정적인 이유는 선배의 부모가 화목해 보여서였다. 그런데 이게 무슨 운명의 장난인지, 남편의 부모는 아들이 결혼하고 1년도 안 되서 이혼했다. 원래 별거 중이었는데, 아들의 결혼을 위해 화목한 부부인 것처럼 연기했던 것이다.

부부로 살아가는 법을 부모에게 제대로 배우지 못하고, 제대로 된 부모 사랑을 받아 보지 못한 부부의 결혼 생활은 위태로웠다. 그 와중에 부부 관계를 유지해 준 것은 둘 사이 태어난 아이였다.

"남들이 바깥에서 보면 우아한 교수 부부 같지만, 사실 우리가 나누는 대화라고는 '애' 이야기밖에 없어요. 아이 문제 말고 부부의 개인적인 이야기를 나누지 않은지가 벌써 몇 년이 돼요. 지난 몇 년간 심각한 우울증이 오고 몸무게는 20kg 이상 늘고, 정말 끔찍한 삶을 살았죠. 정신과 상담, 심리 상담도 수없이 받아 봤어요."

이런 힘든 상황에서 수현 씨가 찾은 답은 운동과 긍정적인 사람들과의 독서 모임이었다.

"심리 상담을 받고, 내 과거의 상처를 되짚어 보고 용서해도 그때뿐이

더라고요. 지금 있는 현실을 인정하고, 몸을 움직이고, 최대한 내가 할 수 있는 영역부터 하나하나 바꿔 나가자고 결심하니 그나마 살 수 있더라고요. 지금도 완전한 답을 찾지 못했고 여전히 힘들 때가 많지만, 이제는 앞만 보고 나가려고요."

수현 씨의 힘든 고백을 들으며 필자는 이런 이야기를 해 주었다.

"맞아요. 저는 이런 이야기를 자주 해요. '상처 없는 사람 없고, 그런 상처에도 불구하고 내가 지금 살아 있다는 것은 그 상처를 극복할 수 있는 가능성이 있다는 증거다'라고요. 또 '죽기 전까지는 힐링이 가능하다', 스스로 어리석은 결정을 내리지 않는 한 '모든 사람에게는 죽기 전까지 희망이 있다'고요."

사실 수현 씨뿐 아니라, 정도의 차이는 있어도 여러 가지 모습으로 부부 관계의 위기를 겪고 있는 가정을 주변에서 많이 본다. 개성의 증가, 인내력의 부족, 전통적인 가족 관계나 가치의 해체 등 여러 이유를 찾을 수 있지만, 모든 사태의 근본적인 원인은 많은 사람들이 부부가 된다는 것, 부모가 된다는 것을 제대로 공부하지 못했기 때문이다.

이 문제에 대한 해결책 중 하나는 우리 부모가 제대로 가르쳐 주지 못한 중요한 내용을 부부 스스로 공부해서 배우고 실천하는 것이다. 많은 가정의 자녀 교육 상담을 하면서 발견한 하나의 분명한 사실은 '자녀 문제'라고 하는 많은 원인이 결국 '부부 간의 관계 문제'나 '부모 자신의 문제'라는 점이다. 자녀 문제라는 껍데기를 벗기고 나면 결국 자신의 상처,

배우자에 대한 원망, 서로 내려놓지 못한 욕심이 나온다.

아이가 어린 젊은 부부들에게는 자녀가 공부 잘하고 행복하길 원하면 먼저 좋은 부부가 되고, 화목한 가정을 이루는 데 더 힘쓰라고 권한다. 아이에게 영어 공부를 시키고, 수학 문제지를 풀게 하는 것은 평안한 '마음의 공부 그릇'이 갖춰진 다음에 시작해도 늦지 않다.

이 사실은 오랫동안 수학 과외를 해 온 한 선생님에게도 확인할 수 있었다. 아이가 매번 잔 실수가 많고 자신감이 없어 하기에, 선생님은 수학 공부를 시작하기 전에 20-30분간 집에서 무슨 일이 있었는지, 친구들 관계는 어떤지 이야기를 들어 주며 자기 마음을 쏟아 놓을 시간을 주었다고 한다. 그렇게 정서적인 안정을 먼저 갖게 하고, 수업하고 문제를 푸니 아이가 자신감도 회복하고, 성적도 많이 올랐다고 한다.

어떤 공부를 해야 할까?

위에서 말한 대로 부모가 아이의 공부 그릇을 길러 주기 위해 가장 힘 써야 할 부분은 화목한 부부 관계를 통해 아이에게 정서적인 안정감을 주는 것이다. 어찌 보면 몸, 마음, 머리의 세 가지 공부 그릇 가운데 제일 어려운 부분이 '마음'이다. 아이에게 좋은 것을 먹이고, 책과 문제지를 사 주고, 학원을 알아보는 것은 이에 비해 훨씬 쉬운 일이다. 이건 엄마나 아빠 한 사람만 의지를 갖고 실천한다고 되는 문제도 아니고, 서로의 가치관과 자녀 교육관을 맞춰야 하니 더욱 어렵다.

부부 간에 화목한 가정을 이루기 위한 첫 걸음은 '우리가 좋은 부부가 되기 위해 제대로 공부하지 못한 채 결혼하고, 가정을 이뤘다'는 사실을 인정하고, '지금부터 같이 공부하고 배우자'는 태도이다.

필자는 2010년경 대치 도서관에서 진행된 비폭력 대화 1단계(NVC 1) 강의를 들은 적이 있다. 마흔이 넘은 대치동 엄마들이 이제 막 대학을 졸업해서 NVC 강사 과정을 수료한 듯한 20대 강사에게 자기감정을 읽고, '말하는 법'을 배우는 모습이 인상적이었다. '인생을 더 오래 살아도 결국 제대로 말하는 법을 배우지 못하면, 제대로 말하는 사람에게 배울 수밖에 없구나….'라는 생각이 들었다.

비폭력 대화에서는 "야 너 지금 몇 시간이나 TV 보고 있어", "너 때문에 엄마 속 터져 죽겠어"라고 화내기보다 "지금 네가 2시간째 TV를 보고 있구나…."라고 있는 그대로의 사실을 '관찰'하라고 한다. 그리고 "시험 기간도 얼마 남지 않았는데 공부보다 TV를 보고 있는 모습을 보니 엄마 마음이 좀 불안하구나."라고 나의 '감정'을 읽고, "TV를 그만 보고, 이제 들어가서 공부하는 모습을 보여 주면 엄마 마음이 편할 것 같은데."라고 '부탁'하는 것이 평화로운 대화와 소통의 길이라고 말한다.

NVC나 감정 코칭에 대해 공부하면서 소통 연습을 좀 더 한국적으로 체계화하고 일상 언어화해서 전달하면 큰 도움이 될 것 같다고 생각했다. 최근 이런 바람에 가장 가까운 책인 《엄마의 말하기 연습》이 출간되었다.

개인적으로 교육에 관심이 많은 우리나라의 엄마들이 '엄마의 정보력'이라는 허상에 속아 학원 설명회만 열심히 쫓아다닐 게 아니라, '감정 코칭'이나 '비폭력 대화' 등 나와 아이를 살리고, 가정도 살릴 수 있는 의미 있는 공부에 시간과 관심을 쏟았으면 하는 바람이다. 그게 입시를 넘어, 인생에서도 평안하고 행복한 삶을 사는 아이로 키울 수 있는 가장 빠른 지름길이기 때문이다. 몸, 마음, 머리의 공부 그릇 중 가장 힘든 부분이 마음이기에 많은 시간과 에너지가 필요하다. 하지만 충분히 가치 있는 공부이다.

⊕⊖⊗⊕ **바로 실천하기**

1. 도서관이나 문화센터에서 진행하는 관계, 소통, 코칭 관련 강의에 관심을 갖고, 공부하고 배운다.
2. 유튜브 등에서 관련 주제 강의를 찾아 듣고, 마음이 맞는 부모들과 같이 책을 읽고 나누는 시간을 갖는다.
3. 배운 내용을 배우자나 아이와 함께 실천한다.

심샘의 Tip.

관계와 소통, 마음공부를 위한 추천 도서

김주환,《회복탄력성》, 위즈덤하우스, 2019.

게리 채프먼,《5가지 사랑의 언어》, 생명의말씀사. 2010.

데이비드 호킨스,《의식 혁명》, 판미동, 2011.

마셜 로젠버그,《비폭력대화》, 한국NVC센터, 2017.

박재연,《엄마의 말하기 연습》, 한빛라이프, 2018.

이임숙,《엄마의 말공부》, 카시오페아, 2015.

정재영,《왜 아이에게 그런 말을 했을까》, 웨일북, 2019.

존 가트먼, 최성애, 조벽,《내 아이를 위한 감정코칭》, 한국경제신문사, 2011.

06

마음속 이야기를 나눌 수 있는
'떼어 놓은 시간과 공간'을 마련한다

본인의 재능과는 다른 진로 선택

기준(가명)이는 혼자서 무언가 만들기를 좋아하고, 독서를 많이 하는 이과 성향의 아이였다. 착한 성격에 순응적인 아이여서 부모와 선생님들의 인정과 칭찬도 많이 받았다. 아이의 성향이나 재능을 보았을 때 공대 쪽으로 갈 줄 알았는데, 고3때 의외의 진로를 선택했다. 피도 무서워하고, 그리 사교적이지도 않던 아이가 의대를 가겠다고 했다. 아버지가 의사였지만 누구도 의대를 가라고 강요하지 않았는데도, 아이는 그런 결정을 했다.

워낙 독서량도 많고 공부도 잘했기에 대학에서도 성적은 그럭저럭 나왔지만, 문제는 앞으로의 진로였다. 많은 사람들이 예상한 대로 기준이는 의사 체질이 아니었다. 아픈 환자를 대하고 나면 기운이 빠지고 우울해졌다. 피를 보고 수술하는 것이 본인의 적성에 맞지 않음을 학년이 올라가면서 확인했다. 결국 이 아이는 임상의가 되는 길을 포기하고 자신이 더 재미있게 할 수 있는 컴퓨터 프로그래밍을 공부해 병원 전산 시스템을 설계하는 일을 하고 있다.

이 학생의 대학 이후의 진로를 보며 많은 생각이 들었다. 왜 처음부터 기준이는 컴퓨터공학과에 가서 좋아하는 프로그래밍을 공부하고, 그 분야에서 성과를 내지 않았을까? 의대 공부를 한 10년 이상의 세월을 컴퓨터공학이나 인공지능 분야 연구에 바쳤다면 지금보다 훨씬 탁월한 성과를 내지 않았을까? 만약 이 아이가 어른들의 눈치를 보지 않고, 부모를 기쁘게 해야 한다는 의무감이 크지 않은 미국에서 자랐다면 어땠을까, 어쩌면 빌 게이츠나 스티브 잡스 정도의 업적을 내는 아이가 되지 않았을까 생각해 보았다.

나중에 DiSC 행동 유형 분석으로 아이의 성향을 보니 기준이는 '안정형(Steadiness)'이었다. 안정형 아이들이 제일 중요시하는 가치는 남에 대한 배려와 공동체에 대한 헌신이다. 이런 아이들은 자기가 좋아하는 것보다 주변 사람에게 도움이 되는 것을 해야 한다는 의식을 갖기 쉽다. 자기 의견을 바로 이야기하지 못하고, 항상 다른 사람의 생각을 고려해 돌려 말하는 성향이 있다. 안정형 아이들의 진로 지도에서는 전공을 선택한 이유와 그 일을 하려는 동기가 무엇인지 좀 더 세심하게 살펴볼 필요가 있다.

학교 폭력을 부모에게 말하지 못하는 아이들

한 번은 중학교 1학년 때 전교 1등을 놓치지 않다가 2학년 때 성적이 떨어져서 좀처럼 회복이 안 되는 아이를 상담한 적이 있다. 1학년 때 너무 달려서 진이 빠진 게 아닌가 싶어 그 부분에 초점을 두고 아이의 이야기를 들었다. 이런저런 이야기를 하며 대화가 어느 정도 무르익고 필자에 대한 신뢰가 생기니 아이는 마음속 이야기를 털어놓았다.

"선생님, 사실은 제가 1학기 때 다른 중학교에 농구하러 갔다가 그 중학교 일진 애들에게 맞은 적이 있어요… 혹시 그때 기억 때문에 제가 충격을 받은 게 있을까요?"

"그래, 그런 일이 있었어? 네가 크게 잘못한 게 없었을 텐데 어쩌다 그런 일을 당했니?"

"토요일에 공부하다 스트레스 풀 겸 농구하러 그 학교에 갔는데, 농구하는 사람들이 많아서 기다리며 같이 간 친구들과 그 학교 욕을 좀 했거든요. 이 학교 공부도 못하고, 어쩌고저쩌고 하면서요. 그런데 농구 끝나고 집에 가는 길에 어떤 조그만 아이가 골목에서 부르더라고요. 그래서 골목 안으로 들어갔더니 덩치 좋은 아이들이 몇몇 모여 있는 거예요. 그중 대장인 듯한 애가 말했어요. '야, 이 새끼야, 네가 우리 학교랑 애들 욕했어?' 제가 아무 말 안 하니까 바로 주먹이 날아오고 발길질이 이어지더라고요."

"뭐야? 그래서 많이 안 다쳤어?"

"다행히 그때 옆에 지나가는 대학생 형들이, '야, 너희들 뭐해'라고 해서 더 맞지 않고 위기를 면할 수 있었죠…."

"그런 일이 있었구나. 그런데 맞아서 몸이 다쳤으면 부모님이 금방 알아보셨을 텐데 모르셨니?"

"다행히 얼굴은 상처가 별로 안 나고, 몸에 멍이 좀 들었는데, 내색 안하고 지나갔어요. 제가 잘못해서 맞은 거기도 해서, 그냥 말 안 했어요."

"그랬구나, 많이 놀랐겠다. 그 이후는 별일 없었니?"

"네, 다시는 그 학교 근처에 가지 않고(웃음), 혹시 그런 아이들 만날까봐 조심하고 있는데, 가끔 비슷한 인상착의 아이들 보면 가슴이 뛸 때가 있어요. 그리고 태권도를 배워야 하나? 왜 그때 소리치면서 도와달라고 하지 않고 순순히 끌려가서 맞았나 후회되기도 하고, 자꾸 머릿속에서 그때 일을 모면할 상상을 하게 되요."

"그랬구나. 하여간 더 크게 다치지 않아서 다행이다. 사실 그런 기억이 상처가 되서, 공부할 때 방해가 되기도 하지. 상처를 치유하기 위해서 심리 상담을 받거나 하는 것도 도움이 되는데 혹시 '외상 후 스트레스 증후군'이라고 들어봤니? 전쟁에 참여한 병사들이 전쟁이 끝나고 집에 돌아와서도 전쟁터의 아픈 상처나 기억으로 괴로워하는 심리적인 현상이 생기는 건데…."

"네, 알고 있어요. 그런데 저는 그 정도는 아니고, 또 심리 상담 받으면 부모님도 알게 되고, 그렇게까지 하고 싶지는 않아요."

"그래, 선생님이 보기에도 너는 자존감도 높고, 생각도 깊어서 스스로 상처도 잘 치유할 수 있을 것 같은데, 이렇게 생각해 보면 어떨까? 우리 동양철학에는 이른바 '액땜'이라는 말이 있는데 혹시 알고 있니?"

"큰 사고 날 뻔 했는데 작은 사고로 막아 다행이라고 생각하는 거요?"

"그래, 그런 거지. 네가 다른 아이들에게 맞아서 더 크게 다칠 수도 있는데, 그나마 다행히 머리도 안 다치고 큰일이 없던 거잖아. 선생님은 전에 학원에서 고3 학원생들끼리 싸우다 한 학생이 뇌진탕에 걸린 걸 본 적도 있어. 그 학생은 거의 2달 동안 학교와 학원도 못 오고, 그 여파로 원하는 대학을 갈 수도 없었지. 세상에 이런 일도 있는데, 이렇게까지 되지 않은 게 얼마나 다행이니. 인생을 살다 보면 좋은 때와 나쁜 때, 업과 다운(ups and downs)이 있거든. 세상을 사는 지혜는 좋을 때 겸손하고, 나쁠 때 너무 낙담하지 않고 소망을 갖는 거지. 너도 이런 안 좋은 일도 인생의 한 부분으로 겸손하게 받아들이고, 앞으로 작은 선행을 쌓아 기운이 좋지 않을 때 그 피해를 최소화하는 지혜를 가져 보면 어떨까?"

"네, 알겠어요. 우선 저는 선생님 말씀처럼 마음을 좀 다스려 볼게요. 그런 내용은 어디에 나와요?"

"혹시 주역이라고 아니? 주역이나 동양 사상에 나오는데, 흔히 주역을 점보는 도구로만 아는 사람이 많지만, 깊이 공부해 보면 인생을 살아가는 좋은 지혜를 얻을 수 있어. 나중에 관심 있으면 한번 공부해 보렴."

상담이 도움이 되었는지, 이후 아이는 조금씩 자기 페이스를 찾았고, 성적을 회복했다. 고등학교에서도 성적을 유지해 원하는 대학에 갈 수 있었다.

마음속 이야기를 솔직히 할 수 있는 아이들

두 아이의 사례를 경험하며 필자는 만약에 이 아이들이 '유대인 가정에서 자랐다면 어땠을까'라는 생각을 했다.

정통파 유대인들은 금요일 저녁 안식일 식탁에서 손을 씻고 정결례를 하는 시간이 있다. 아빠부터 시작해 온 가족이 양손잡이 컵에 물을 담아 일주일 동안 잘못했던 점이나 마음에 있는 부담을 고백하며 물로 씻는 의식을 갖는다. 이때 아이는 자기가 잘못했던 일이나 실수한 일을 솔직히 말하는 시간을 갖는다. 이때 말하지 못했더라도 금요일 저녁 식사 후나 토요일 내내 온 가족이 집에서 안식하며 마음속 이야기를 할 수 있는 시간이 충분히 확보된다.

위의 두 사례의 아이들도 "아빠, 사실은 제가 공대보다 의대에 가려고 하는데 어떻게 생각하세요?", "엄마, 사실은 오늘 옆에 학교에 농구하러 갔다가 어떤 아이들에게 맞았는데, 너무 부끄럽고 내가 왜 그런 실수를 했나 후회되고 마음이 어려워요."라고 고백할 수 있는 시간과 장소가 있었다면, 10년의 시간 낭비나 1년 동안의 스트레스를 줄일 수 있지 않았을까?

우리가 꼭 유대인처럼 할 필요는 없지만, 부모라면 아이가 무슨 말이라도 할 수 있는 시간과 공간을 마련해야 한다. 아이의 평안한 마음이라는 중요한 공부 그릇을 만들어 주기 위해 반드시 해야 할 일이다.

아이와 걸으며 많은 대화를 한 가정

유대인뿐 아니라 우리 주변에도 나름의 방법으로 아이와 좋은 소통을 하는 부모들의 사례가 많이 있다. 저녁 식사 때 대화도 자주 하지만, 자신의 방법으로 아이들과 소통하며 두 남매를 키우는 지인도 좋은 예이다. 그는 아이들이 어릴 때부터 주말에는 산이나 역사 유적지를 자주 다니며 많이 걷고, 이런저런 이야기를 나누었다. 아이가 떡볶이를 좋아해 근처 유명한 떡볶이 집에 가거나, 먹고 싶어 하는 것을 사 주며 이야기를 많이 나눴다. 나중에 고등학생이 된 큰 아들과 중학생 딸의 공부와 진로 문제로 이야기를 나누는데, 지인이 이런 말을 했다.

"선생님, 그러고 보니까 우리 아이들은 사춘기가 없었던 것 같아요. 다른 집은 중2 병이 심하다고 하고, 부모 자녀 간에 대화가 안 된다고 하는데, 저희는 지금도 아이들과 이런저런 이야기를 많이 나누고, 아이들도 저나 아내를 그리 어려워하지 않아요."

"그게 다 아버님께서 틈틈이 아이들과 시간을 많이 보낸 덕이죠. 특히 같이 걸으며 이야기를 많이 나누고, 아이들과 맛있는 음식 먹으며 대화하는 좋은 기억을 만들어 줘서 아닐까요? 아이들 문제지 풀고 학원 보내는 데만 관심 갖지 말고, 이런 소통을 통해 '마음의 공부 그릇'을 키워 주라고 다른 부모님들께 계속 강조하는데, 아버님은 알려 주지 않아도 이미 제대로 실천하고 계셨네요.^-^"

"아, 그런가요? 제가 그런 대단한 실천을 한 건가요?(웃음)"

이 분의 큰 아들은 중학교 때까지 학원에 가지 않고 혼자 공부하다가 고등학교 때부터 학원에 다니고 있다. 학원에 다닌 이후 수학 점수가 매번 한 등급씩 오르고 있다고 한다.

"큰 애가 학원 다니면서 성적이 오르는 걸 보고 좀 더 일찍 학원에 보냈으면 하는 생각도 들던데, 어떻게 생각하세요?"

"네, 그렇게 생각하실 수도 있지만 지금처럼 동기 부여가 된 상황에서 학원을 다니니까 성적이 오른다고 볼 수 있어요. 학원은 결국 문제 푸는 연습을 열심히 시키는 곳이고, 축구로 말하면 슈팅 넣는 연습을 하는 거예요. 90분 뛸 체력이 되고, 패스가 되는 선수가 슈팅 연습을 해야 골을 넣을 수 있지 않겠어요. 아드님은 지금까지 슛 넣는 연습만 많이 안 한 거고, 체력과 패스를 할 수 있는 능력이 되니까, 이제 3년 동안 슛 넣는 연습만 열심히 하면 됩니다. 그리고 이 재미없는 연습을 꾸준히 하려면 몸과 마음의 공부 그릇이 있어야 하는데, 아드님은 충분한 것 같아요. 짧고 굵게 집중해서 입시를 끝낼 수도 있을 거예요. 지금까지 해 온 방법이 맞고, 혹시 입시 결과에 아쉬움이 있다면 재수나 편입, 이후 대학원 입학이나 유학 등 여러 가지 진로 옵션이 있으니, 그때 저와 다시 한 번 의논해도 늦지 않습니다."

이 가정의 입시 결과가 아직 나오지 않았지만, 위의 말은 헛된 위로가 아니다. 이렇게 부모와 소통이 잘 되고, 본인이 동기 부여된 상황에서 몰입해 성과가 나는 아이들은 대학을 넘어 사회에서도 더 큰 성공을 이루고, 행복하게 살 가능성이 크다.

⊕⊖⊗☺ **바로 실천하기**

1. 아이가 어린 가정이라면 주말에 '식탁 대화' 시간을 떼어 놓고, 아이에게 편안한 분위기와 맛있는 음식을 주며, 어떤 이야기도 할 수 있는 시간과 공간을 마련한다.
2. 유대인의 안식일 식탁에 관심 있는 가정은 저자의 《질문이 있는 식탁, 유대인 교육의 비밀》이나 EBS 방송 출연 영상을 보고, 우리 가정에 맞는 실천 방법을 찾아본다.(참고문헌 참조)
3. 주말이나 여유 시간에 자연 속에서 아이와 같이 걸으며 이런저런 이야기를 나누는 시간을 갖는다.

인성과 도덕이 없는 교육은 아무리 유용하더라도
단지 사람을 똑똑한 악마로 만들 뿐이다.
– C.S 루이스

"Education without values, as useful as it is,
seems rather to make man a more clever devil."
– C.S. Lewis

셋째 마당

4차 산업 혁명 시대를 대비하는
진짜 공부 '머리'

01

올바르게 해석하고, 근거를 찾는
논리적 사고력을 기른다

창업국가의 원동력은 질문하는 용기

선진국을 열심히 모방하고 추격해 우리나라는 일인당 국민 소득 3만 불 시대에 도달했다. 하지만 정부와 기업의 가장 큰 고민 중 하나는 '창조적 사고'이다. 선진국으로 도약하려면 새로운 아이디어나 제품을 만들어야 하는데, 이전처럼 시키는 것만 잘해서는 한계가 있기 때문이다. 이런 가운데 많은 한국의 리더들이 주목하는 나라가 이스라엘이다.

이스라엘은 팔레스타인이나 주변 중동 국가와의 군사적 긴장으로 준전쟁 상태임에도 불구하고, 세계 100대 첨단 기술 기업의 70% 이상이 이스라엘에 연구소와 생산 기지를 두고 있다. 천여 개가 넘는 벤처기업이 있고, 국민 일인당 유치하는 벤처 투자 자금은 미국의 2-3배, 웬만한

나라의 몇 백배가 넘는다고 한다.

우리와 여러모로 비슷한 역사와 배경을 갖고 있는 이스라엘이 이른바 '창업국가'가 된 힘의 근원은 무엇일까? 많은 전문가들은 이런 벤처 정신의 뿌리를 '후츠파(chutzpah, חֻצְפָּה) 정신'으로 본다. 후츠파는 히브리어로 '뻔뻔함', '무례'를 뜻하는 말로, 지위고하에 관계없이 담대하게 질문을 던지는 용기를 말한다. 이스라엘 총리로 이스라엘-팔레스타인 평화 협정을 이끌다 1995년 이스라엘 극우파 청년에게 암살당한 이츠하크 라빈 총리는 재임 기간 동안 끊임없이 '후츠파' 정신을 강조한 것으로 유명하다. 그는 이스라엘 건국 이전 팔레스타인 땅에서 태어나 수많은 전쟁을 거치며, 누구보다 탁월한 전쟁과 전략 전문가였다. 그럼에도 각료 회의나 국방회의에서 장관과 장군 들이 자기에게 끊임없이 도전적인 질문을 던지길 요청했다고 한다.

"내가 내리는 결정은 우리나라의 장래를 좌우하는 중요한 결정인데, 아무 생각 없이 '총리님 옳습니다' 하는 마음으로 내 앞에 와서는 안 된다. 나의 계획이나 논리에 모순이 있다면, 언제든 도전하고 질문하라."

실제 이스라엘 군에서는 군 작전이나 전술을 의논할 때, 이른바 '계급장 떼고' 치열한 토론을 하며 가장 적합한 결론을 이끌어 내는 일이 많다고 한다.

이에 비해 우리나라를 비롯한 동양 문화에서는 윗사람에게 도전적인 질문을 하거나 이른바 따지는 것이 용납이 안 된다. 꼬치꼬치 따지기보다, 윗사람의 심기를 살피고 시키는 일이나 잘하는 것이 성공하고 출세

하는 길이었다. 하지만 앞으로 우리 아이들이 살아갈 시대는 다른 어느 때보다 '창의적 사고'가 필요하고 '비판적, 논리적 사고'가 필요하다. 그렇기에 더더욱 우리 아이들이 창의적 사고를 하는 능력을 길러 주는 것이 중요한 교육 목표 중 하나이다.

하브루타를 통한 질문 훈련

위에서 본대로 지위고하에 관계없이 질문하고 생산적인 토론을 가능하게 한 이스라엘과 유대인 문화는 바로 '탈무드식 토론 교육', '하브루타 교육'에 뿌리를 둔다. 유대인의 탈무드식 토론과 둘씩 짝을 지어 토론하는 하브루타 토론 방식은 우리나라의 창의 교육이나 혁신 교육 모델로 소개되어 많은 관심을 받아 왔다. 그 시작은 2012년 故전성수 교수가 《하브루타 교육 혁명》,《부모라면 유대인처럼 하브루타로 교육하라》를 출간하면서 부터이다. 이후 많은 교육 현장에서 실천 사례가 나오며 이제는 유대인 자녀 교육의 한 분야로 확고히 자리 잡았다.

유대인 사회에서 수천 년간 내려오던 하브루타 학습법을 교육학적으로 정리하고, 탈무드 연구나 신앙 연구 이외에 현대의 일반 교육 현장에 도입하고자 한 학자는 이스라엘 바일란 대학의 엘리 홀저(Elie Holtzer) 교수라고 할 수 있다. 2013년에 《하브루타란 무엇인가》(원제 A Philosophy of Havruta)라는 책을 내며 하브루타의 교육학적인 의미와 일반 교육 환경에서의 적용을 적극적으로 모색했다. 필자도 하브루타 정신의 핵심은 가정에서의 토론으로 보고《역사 하브루타》를 중심으로 한국 가정에서의 실천 방안을 제시했다.

실제 하브루타 토론의 방법론은 여러 가지 교육학적 논리(rationale)와 의미를 담고 있지만, 단순하게 설명하면 다음과 같은 해석과 적용을 거치는 것이다.

📓 <하브루타 토론 과정>

하브루타 토론 짝과 본문을 놓고 다음과 같이 학습하고 토론한다.

1단계: 본문 이해

(1) 본문을 큰소리로 2-3번 정도 읽는다.

(2) 본문의 내용을 덮고, 자기만의 언어로 읽은 내용을 요약해 상대에게 설명한다.

(3) 본문으로 돌아가 내용을 단락 구분하고, 각 단락의 이름을 붙여 본다.

(4) 열린 질문을 하며 본문에 대해 더 깊이 이해한다.

2단계: 해석과 적용

토론 짝과 함께 위의 과정을 거쳐 자신의 해석을 완성하고, 자기 삶에서의 적용점을 찾는다.

이런 과정에서 엘리 홀저 교수는 다음과 같은 형식으로 해석과 적용을 하라고 한다.

(1) 이 이야기는 독자에게 _____라고 말하는 것 같다. (저자의 의도 및 메시지 파악)

(2) 이러한 해석을 뒷받침하는 본문의 증거는 _____이다. (본문 증거 찾기)

(3) 그래서 이 이야기는 나에게 _____을 생각하게 한다. (자기 삶의 적용)

예를 들어 다음과 같은 탈무드 예화를 가지고 위의 과정을 할 수 있다.

1. 랍비 쉬미(Shimi)는 랍비 파파(Papa)의 탈무드 수업에 참석하곤 했다.

2. 쉬미는 파파에게 많은 어려운 질문을 던졌다.

3. 하루는 랍비 쉬미가 학교가 아닌 곳에서 랍비 파파가 얼굴을 땅에 대고 심각하게 기도하는 모습을 보았다. 뭐라고 기도하나 들어 보니, "내가 쉬미에게 부끄러움을 당하지 않게 해 주소서"라고 말하고 있었다.

4. 그래서 쉬미는 (교실에서) 침묵하기로 맹세하고 더 이상 파파에게 질문하지 않았다.

이 예화를 보고 학생들은 위의 포맷에 기초해 다음과 같은 해석과 적용을 끌어낼 수 있다.

해석 # 1

(1) 이 이야기는 독자에게 학생의 올바른 태도에 대해서 이야기하는 것 같다.

(2) 이러한 해석을 뒷받침하는 본문의 증거는 3절이다. 본문에서 선생님인 파파는 쉬미의 어려운 질문 때문에 부끄러움을 당한 적이 많았다. 그리고 4절에서 보듯 선생님의 기도를 듣고, 제자인 쉬미도 결국 더 많은 질문을 하지 않았다. 수업을 방해하거나 선생님의 마음을 언짢게 할 정도의 지나친 질문은 결국 선생님이나 학생 모두에게 피해를 줄 수 있음을 보여 주는 것 같다.

(3) 그래서 이 이야기는 나에게 교실에서 수업을 들을 때, 선생님께 예의 바른 질문을 하고 선생님이 곤란해 할 질문은 공공장소가 아니라, 개인적으로 따로 물어봐야 한다는 것을 생각하게 했다.

해석 # 2

(1) 이 이야기는 독자에게 학생들의 질문을 대하는 교사의 올바른 태도에 대해서 이야기 하는 것 같다.

(2) 이러한 해석을 뒷받침하는 본문의 증거는 4절이다. 쉬미는 선생님이 자기의 어려운 질문에 선생님이 부끄러움을 느끼고 힘들어 한다는 것을 알고, 더 이상 질문하지 않기로 맹세했다. 이 모습에서 쉬미는 상당히 예의 바르고, 선생님을 배려하는 학생임을 알 수 있다. 본문 어디에도 쉬미가 무례한 학생이라는 내용이 없다. 쉬미는 순수한 호기심에서 많은 질문을 했을 것이다. 혹시 질문이 너무 많아서 수업에 방해가 될 정도라는 것을 선생님이 솔직히 이야기했더라면 질문의 양이나 난도를 줄였을지도 모른다. 이에 비해 파파의 태도는 선생님으로서 부적절한 모습을 보여 준다. 먼저 이러한 어려움이 있을 때 학생을 불러 이야기하는 대신, 3절에서처럼 개인적인 기도로 해결하려고 했다. 그의 기도는 결국 학생의 침묵과 질문하지 않음(4절)으로 이어졌다.

(3) 그래서 이 이야기는 나에게 교사는 수업에서 예상하지 못한 문제가 발생했을 때 개인적으로 고민하지 말고, 학생에게 솔직히 대화하고 바람직한 대안을 제시해, 학생이 지속적으로 배울 수 있는 환경을 만들어 주어야 한다는 것을 생각하게 했다.

이렇게 자신의 해석과 근거 구절에 대해 서로 지지(support)하거나 반박(challenge)하면서 좀 더 나은 해석과 적용을 끌어내고, 그 과정에서 자신의 논리적 사고 능력을 기르는 것이 탈무드식 토론의 핵심이다.

독후 활동에서 탈무드식 토론 원리 적용

이런 탈무드식 토론 원리를 아이들의 독서 후 활동이나 일상생활에서 적용해 보면 어떨까?

가장 쉽게 할 수 있는 방법으로 책을 읽고, 이 책의 저자가 말하고자 하는 의도나 메시지를 파악해 근거를 찾고, 나의 삶의 적용점을 찾아보는 훈련이다.

예를 들어 아이가 우리 전래동화인 《별주부전》을 읽었다면 다음과 같은 독후 활동이 가능하다.

🎓 **탈무드식 토론 원리를 활용한 독후 활동**

"00는 이 책을 읽고 어떤 생각이 들었니? 아래와 같은 형식으로 생각을 정리해 볼까?"

(1) 이 이야기는 독자에게 _____라고 말하는 것 같다. (저자의 의도 및 메시지 파악)

(2) 이러한 해석을 뒷받침하는 본문의 증거는 _____이다. (본문 증거 찾기)

(3) 그래서 이 이야기는 나에게 _____을 생각하게 한다. (자기 삶의 적용)

⏰ **독후 활동 대화 사례**

아이 ── 이 이야기는 독자에게 '자기의 생명이 중요한 만큼 다른 사람의 생명도 중요한 것을 알라'라고 말하는 것 같아요.

부모 ── 그렇구나, 그렇게 생각한 근거는 책에서 찾을 수 있니?

아이 ── 음… 근거요?

부모 —— 그래, 어떤 주장을 하면 뒷받침할 수 있는 근거를 찾는 연습을 하는 게 좋거든.

아이 —— 용왕이 자기 살려고 토끼의 간을 가지려고 했잖아요. 그런데 토끼의 간을 빼면 토끼는 죽잖아요. 이야기의 결론에서 토끼는 죽지 않고 살았으니까, 저자는 '자기 살자고 남을 죽이는 행위는 성공하기 힘들다'는 것을 말하는 거 아닐까요?

부모 —— 그래, 그거 아주 훌륭한 논리구나. 그럼 나중에 거북이가 토끼의 간을 구할 수 없게 된 상황에서 스스로 목숨을 끊으려고 했을 때, 지나가는 도인이 나타나 거북이의 정성을 보고 약을 주어 용왕의 병을 낫게 한 부분은 어떻게 설명할 수 있지?

아이 —— 아! 그 부분이 설명 안 될 수도 있겠네요? 그런데 한 가지 해석이 본문에 나와 있는 모든 부분을 다 설명해야 해요?

부모 —— 모든 부분을 다 설명하지 않아도 되지만, 저자가 그 부분을 넣은 이유는 어떤 의도가 있지 않을까? 어떤 사람의 이야기에서 내가 좋은 부분만 취할 수도 있지만, 가장 좋은 태도는 상대가 이야기하려고 하는 의도를 충분히 파악하고, 그 사람이 한 말을 하나하나 생각해 보는 거잖아. 좋은 해석은 이야기를 구성하고 있는 부분을 최대한 일관된 관점에서 설명하는 거 아닐까?

아이 —— 그럼 《별주부전》 이야기는 '한 사람의 생명을 살리고자 하는 헌신적인 노력은 어떤 형태로도 보상받는다'가 주된 의도라고 할 수 있을까요?

부모 —— 그래, 그렇게도 볼 수 있겠구나. 네가 그렇게 해석을 바꿨다면 역시 근거 구절이나 내용이 어떤 부분인지 생각하는 연습을 해 보면 좋겠지.

이렇게 엘리 홀저 교수가 말하는 해석, 적용을 위한 3단계 질문을 활용하면 책을 읽은 후 좀 더 깊은 사고를 하는 데 도움이 된다.

일상 대화에서의 탈무드식 사고 훈련

탈무드식 토론을 독후 활동뿐만 아니라 일상생활에서도 적용할 수 있다. 가장 좋은 연습은 대화에서 상대방의 의도를 파악하는 훈련이다.

예를 들어 위의 형식으로 집에서 대화 상대의 의도를 파악해 보자.

아빠(엄마)혹은 자녀가 말한 의도는 _____인 것 같다.

그렇게 볼 수 있는 이유는 _____이기 때문이다.

그래서 나는 _____하게 말하려고 한다(행하려고 한다).

🧪 일상 대화에서의 사례 1

(1) 엄마가 나에게 "게임 좀 그 만해"라고 말한 의도는 '내가 게임에 중독되지 않고, 공부에 집중해, 앞으로 내가 좀 더 잘 되게 도와주려는 것' 같다.

(2) 그렇게 볼 수 있는 이유는

♥ 엄마는 나를 낳고 기르면서 사랑을 주었고, 내가 잘 되기를 바라기 때문이다.

♥ 때때로 소리를 지르지만 내가 미워서 그런 것이라기보다 엄마가 피곤하고, 내가 엄마를 짜증나게 할 때가 있기 때문이다.

♥ 엄마는 이전에도 내게 게임에 중독되면 뇌가 치매 상태나 스펀지처럼 될 수 있다는 TV 뉴스 내용을 보여 주었다.

♥ 엄마는 공부를 잘하는 길이 내가 성공하는 가장 빠른 길이라고 믿고 있기 때문이다.

(3) 그래서 나는 엄마에게 하루에 한 시간 정도로 게임하고, 다른 시간에는 책을 보거나 운동할 거라고 말해서 엄마가 걱정하지 않게 해드리려고 한다.

우리는 일상 대화에서 상대의 의도를 파악하는 훈련이 많이 안 되어 있다. 상대의 의도보다는 내 선입견과 편견으로 상대의 말이나 행동을 판단할 때가 많다. 하지만 어릴 때부터 상대의 의도를 묻는 연습을 꾸준히 한다면 인간관계에서도 훨씬 논리적이고 이성적인 판단이 가능하다.

특히 아이가 친구와 싸우거나 친구 관계에 어려움이 있을 때 탈무드식 사고 훈련을 하도록 도와준다. 예를 들어 자녀가 "야! 너 바보 아냐, 어떻게 그것도 몰라"라는 친구의 말에 상처 받아 다시는 그 친구를 보지 않겠다고 하면, "그 친구가 왜 그런 말을 했을까? 탈무드식 토론 훈련 방법으로 차분히 생각해 보고, 엄마(아빠)와 한번 이야기해 볼까?"라고 아이에게 생각할 시간을 준다.

🧪 일상 대화에서의 사례 2

(1) 친구가 나에게 '바보'라고 말한 의도는 일시적으로 자신의 분노를 표출하기 위함인 것 같다.

(2) 그렇게 볼 수 있는 이유는

♥ 그 아이는 나뿐만 아니라 다른 아이에게도 습관적으로 '바보'라는 말을 한다.

♥ 내가 그것을 모른다고 해서 진짜 바보는 아니기 때문이다.

♥ 그 친구는 성격이 좀 급해서, 자기가 할 말을 깊이 생각하는 스타일이 아니다.

♥ 그 친구는 다른 때는 사교적이고 좋은 성격이며, 배울 게 많은 친구이다.

(3) 그래서 나는 친구의 이런 말에 상처 받지 않고 친구 관계를 유지한다. 그리고 기회가 될 때, 습관적으로 '바보'라고 이야기하는 것이 다른 아이들에게 상처가 될 수 있으니,

'이 내용은 네가 처음 들어 보는 것 같구나'와 같이 순화된 표현으로 말하는 게 어떻겠냐고 권하려고 한다.

나를 성찰하는 도구로써의 생각 훈련

마지막으로 이런 훈련은 자기 성찰에도 적용할 수 있다. 위 포맷을 아래와 같이 변형해 보자.

형식

(1) 나는 _____인 것 같다.

(2) 그 이유는 _____이다.

(3) 그래서 나는 앞으로 _____하려고 한다.

사례

(1) 나는 자기 주도적인 사람인 것 같다.

(2) 그 이유는 누가 억지로 시켜서 하면 너무 불편하기 때문이다.

(3) 그래서 나는 앞으로 누가 시키기 전에 내 일은 스스로 하려고 한다.

혹은 나의 감정을 읽는 도구로 활용할 수 있다.

(1) 나는 지금 우울한 것 같다.

(2) 그 이유는 내가 남들보다 공부나 운동 뭐 하나 잘하는 게 없다고 느껴지기 때문이다.

(3) 그래서 나는 앞으로 공부나 운동 말고, 내가 잘하는 게 무엇이 있는지 찾아봐서 자신감을 갖고, 우울함에서 벗어나 보려고 한다.

물론 이런 사고 훈련이 하루아침에 되고, 바로 멋진 결론과 적용으로 이어지지 않는다. 오랜 시간과 많은 연습이 필요하다. 하지만 어려서부터 체계적으로 생각하는 훈련을 하다 보면, 자연스럽게 자신이나 상대를 좀 더 객관적으로 보는 능력이 길러진다. 또한 책이나 다른 사람의 글을 읽을 때 저자의 의도를 파악하고, 텍스트에 기초해 나의 생각을 확장하면 좀 더 나은 실천과 적용점을 끌어낼 수 있다.

⊕⊖⊗⊙ 바로 실천하기

1. 책을 읽을 때, '저자가 말하는 바는 무엇인가? 그렇게 생각하는 근거는 무엇인가?'라는 내용 파악을 위한 두 가지 질문, 그리고 '나는 이 책을 읽고 어떻게 실천할 것인가'라는 적용 질문을 던지며 정리하는 습관을 갖는다.
2. 다른 사람과의 대화에서도 '말하는 사람의 의도는 무엇인가?', '내가 그렇게 생각하는 이유는 무엇인가?' 같은 질문을 던지고 답하는 훈련을 한다.
3. 필자는 한 달에 한 번씩 서울에서 '역사 하브루타' 모임을 하고 있다. 탈무드식 독서 토론에 관심 있는 가정은 필자의 네이버 블로그 '토요 독서 모임' 폴더에 올라오는 공지 포스팅을 보고 댓글로 참가 신청을 할 수 있다.

매달 한 번씩 부모, 자녀가 함께하는
역사 하브루타 모임

가족별 토론을 하기 전 질문을 준비해 온
학생과 하브루타 시연을 한다

O2

자기가 좋아하는 주제로
몰입 독서 경험을 갖게 한다

'초등 우등생 90%는 왜 몰락하는가?'

위 질문은 2019년 전반기 베스트셀러인 최승필 작가의 《공부머리 독서법》첫 장의 제목이다. 자녀 교육서가 전체 베스트셀러 1위를 한 것은 우리나라 출판 역사에서 아주 드문 일이다. 그러면 왜 이렇게 많은 사람들이 저자의 문제의식에 공감했을까? 필자는 유·초등 수준에서 전 세계 최고의 독서량을 자랑하는 우리나라 독서 교육의 허와 실을 설득력 있는 언어로 잘 표현했기 때문이라고 생각한다.

최승필 작가는 아이들이 학습 만화를 보거나 대충 훑어보는 속독을 독서로 착각하지 말라고 한다. 이 학원 저 학원 다니며 어설프게 귀동냥하고 유튜브와 같은 짧은 동영상 시청으로 지식의 양을 늘린 것을 진정한 공부 머리로 생각하지 말라고 한다. 자기 스스로 책을 선정하고, 그림이 없는 버거운 책을 재미있게 끝까지 읽어 내는 자기 주도적인 독서 경험이 없으면, 중학교 이상의 교과서를 이해할 수 있는 어휘력이나 독해력이 갖춰질 수 없다고 말한다.

'헛똑똑이'를 양산하는 양적 공부

위의 이야기를 공부 전반으로 넓혀 영어나 수학으로 풀어 보면 다음과 같이 말할 수 있다.

"왜 영어 유치원 다니고, 영어 동화책 읽으며 영어를 재미있게 배우고, 간단한 회화는 자연스럽게 하는 아이들의 90%는 중학교 절대 평가 체제에서 내신 A가 안 나오고, 고등학교 가서는 수능 영어 1, 2등급을 받지 못할까?"

"수많은 학습지에 좋은 교구도 갖추고, 사고력 수학에 융합 수학까지 배우는 아이들의 대부분이 왜 고등학교에 가서는 수능 수학 문제의 반도 이해하지 못하는 수포자(수학포기자)로 전락할까?"

공부에 관해서 많은 부모들이 착각하고 있다. 짧게 보면 공교육 12년, 길게 보면 평생 뛰어야 하는 공부라는 마라톤에서 유·초등 전반부 1-2km 구간을 남들보다 빨리 뛰는 것에만 관심을 갖고, 아이들이 진짜 공부할 수 있는 체력을 길러 주지 않는다. 공부의 양과 남들보다 얼마나 빨리 선행하고, 앞서 나가는지만 관심 있는 잘못된 공부관이 '헛똑똑이'를 양산하는 셈이다.

몰입 독서를 경험한 아이들의 공부 성과

위의 양적 독서와는 반대로 어려서부터 자기가 좋아하는 주제의 책이나 두꺼운 소설책을 읽어 내고, 그 과정에서 책 읽는 재미를 경험해 본 아이는 이후 지루한 인지 공부에서 성과를 내는 경우는 수도 없이 많다. 인지 공부에서 성과를 내는 상위 10%의 아이들은 어려서 학원도 많이 다니고 문제지 푸는 공부를 많이 하면서도, 나름 자기만의 독서 시간을 확보해 냈기 때문에 중·고등학교에 가서도 실력을 유지했다고 볼 수 있다.

시골에서 자란 지훈(가명)이는 어릴 적 들로 산으로 뛰어다니며 지냈고, 가끔 아버지가 한 권씩 사오는 위인전을 저녁마다 읽었다. 처음에 읽은 책은 그림책이었다. 그러다 어느 날 헌책방에서 아버지가 사 온 아동 문학 세트를 읽기 시작했다. '그림이 없는 책을 내가 읽을 수 있을까' 걱정했지만, 도전을 가능하게 한 것은 바로 '심심함'이었다. TV도 없는 저녁 시간 밥 먹고 학교 숙제도 다하면 심심할 때마다 한두 권씩 꺼내 읽었다. 초등학교 4학년 때부터는 백과사전을 읽기 시작했다. 학교 숙제를 하기 위해 백과사전을 사달라고 했는데, 읽다 보니 재미있는 내용이 많았다. 저녁에 심심할 때마다 자신이 관심 있는 주제만 골라서 읽었다. 지훈이가 제일 좋아한 주제는 세계사였다. 인류 문명의 시작부터 고대 그리스의 역사, 로마시대, 중세유럽, 르네상스, 프랑스 혁명과 세계대전 등 자기가 이해되는 부분을 중심으로 읽어 내려갔다. 학교 수업에서 비슷한 내용이 나오면 다시 한 번 읽고, 자연스럽게 반복 독서를 했다. 그렇게 초등학교 시절을 보내고, 명문 학군 지역으로 가서 중학교 시험을 보았는데, 생각 외로 성적이 잘 나왔다. 시골 초등학교에서 공부를 잘한다는 이야기를 들었는데, 도시에 와서도 이 공부가 통할지 몰랐다. 어휘력과 기본 독서력이 되니 교과서를 이해하는 데 문제없었고, 수업 시간에 선생님 말씀을 집중해서 듣고 하라는 대로 하니 성적이 잘 나왔다. 고등학교에 가서는 본격적인 입시 공부를 해서 서울대 인문학부에 들어갔다.

이런 몰입 독서의 성과는 공부 잘하는 아이뿐 아니라, 많은 평범한 아이들 사이에서도 발견된다. 아이가 6년간 한 주제에 몰입하면 고3이나 웬만한 대학생 수준의 지식과 기술을 충분히 갖출 수 있다. 어떤 아이는 그게 문제지 푸는 능력일 수 있고, 어떤 아이는 문제지 푸는 능력 이외에 다른 재능일 수 있다는 점이 차이다.

물론 어릴 적 몰입 독서 경험이 반드시 입시에서 고득점이나 명문대 합격으로 이어지는 것은 아니다. 하지만 학부에서는 두각을 나타내지 못했지만, 사회생활에서 생각지 못한 큰 성취를 이루는 경우도 많다. 보통은 평범한 우등생이기보다 비범한 천재형이 많은데, 자기가 좋아하는 주제에만 몰입하고 다른 과목에 관심을 못 갖는 경우가 흔하기 때문이다.

벽을 넘는 독서 경험

어떤 아이들은 자기는 책과 거리가 먼 줄 알았는데, 특별한 계기로 인해 벽을 넘고, 자기 독서력의 한계를 극복하며 책 읽기의 즐거움을 발견하기도 한다. 최근에도 신문을 주제로 하브루타 수업을 진행하는 이용각 대표에게서 비슷한 사례를 들었다.

책을 거의 읽지 않는 한 학생이 '신문 하브루타' 세미나에 참석해 본인이 관심 있는 주제를 하나 스크랩해서 발표했는데, 그 주제가 '좀비'였다. 보통 부모나 교사라면 좀비 같은 주제 말고, 의미 있고 생산적인 분야에 관심을 가지라고 했겠지만, 이용각 대표는 아주 재미있는 주제라고 발표를 독려했다.

학생은 유명한 좀비 영화의 원작 〈세계대전Z〉를 쓴 맥스 브룩스가 《좀비 서바이벌 가이드》라는 책을 출간했다는 뉴스를 신문에서 봤는데, 이 책을 꼭 보고 싶다고 했다. 그러고는 실제 책을 구입해 364페이지가 되는 책을 이틀 만에 읽었다. 지금까지 교과서를 제외하고 100페이지 이상의 책 한 권을 제대로 읽어 본 적 없는 학생이었다.

어떻게 이런 일이 가능할까? 독서 이론적으로 보면, 이 학생은 이미 좀비에 대한 배경지식(스키마)과 어휘력이 갖춰진 상태였기 때문에, '배경지식'이라는 '총'에 '어휘력'이라는 '탄'을 넣은 후 돌진해 '어려운 책'이라는 '높은 성'을 공격해서 무너뜨리기만 한 상황이었다. 이렇게 하나의 성을 무너뜨리고 나면, '아! 나도 이런 두꺼운 책, 그림 하나 없이 글자만 있는 책을 읽을 수 있구나'라는 자신감을 갖게 되고, 자신감이 쌓여 비슷한 다른 책을 읽을 때, 머릿속에 '어휘+배경지식+독서력'이 생기면서 공부 근육이 만들어지는 것이다.

아이가 재미있는 책에서 어려운 책으로, 가벼운 주제에서 학문적인 주제로 넘어가기 위해서는 바로 텍스트와 교감할 수 있는 자신만의 '두뇌 세팅'이 필요한데, 이런 세팅은 위에서 말한 몰입 독서 경험이 여러 번 쌓여야 만들어진다.

필자도 초등학교 3, 4학년 때 그림이 없고, 글씨만 있는 탈무드와 추리소설 책을 읽은 후 독서량이나 글을 읽는 속도가 비약적으로 발전한 경험이 있다. 중학교 1학년 때는 세로로 글자가 편집된 옛날 삼국지 10권을 읽고, '내가 이렇게 세로로 된 글도 읽을 수 있구나'라는 한 단계의 벽을 넘는 경험을 했다.

몰입 독서 경험은 누구나 할 수 있다. 다만 때와 방법이 각각 다를 뿐이다. 학교 성적이 잘 안 나오는 학생도 살면서 자기가 관심 있는 주제가 하나둘 있다. 그 주제에 대한 관심이 어른에 의해 방해받지 않고, 관련된 책을 읽을 수 있는 기회가 있다면 누구나 몰입 독서 경험이 가능하다. 만화나 그림이 많은 책이 아닌, 글씨만 가득한 책을 한 권 읽은 경험은 아이에게 있어 하나의 벽을 넘고 다음 단계로 넘어가는 계기를 마련해 준다.

제대로 된 독서 근육 기르기

많은 독서 교육 전문가들이 지적하듯 지금 아이들은 자기주도적인 몰입 독서 경험을 갖기 힘들다. 우선 게임이나 유튜브로 인해 아이들이 너무 책을 안 읽는 게 문제이다. 그나마 책을 읽는 아이들도 잘못된 방법으로 읽고 있는 경우가 많다. 필자는 이런 비유를 들기도 한다. 지금 아이들의 독서는 무릎 대고 팔만 까닥거리며 팔굽혀 펴기 100개를 하는 것과 같다고. 우리나라 독서 교육은 양적 독서 경쟁에 매몰된 경우가 많다. 영어만 해도 렉사일(Lexile)지수(영어 독서 지수) 몇에 해당하는 책을 몇 권을 읽느냐의 경쟁이다. 학교에서 '독서왕 대회 선발'도 마찬가지이다. 한두 권의 책을 10번 읽는 것보다, 10권을 읽은 아이에게 상을 준다. 하지만 이런 식으로는 진정한 독서 근육, 공부 근육이 만들어지기 어렵다.

운동에서도 어설프게 팔굽혀 펴기를 100개 하는 것보다, 10번의 팔굽혀 펴기를 제대로 해야 근육이 생긴다. 제대로 된 자세로 천천히 팔을 굽히고, 그 자세에서 최대한 버틴 후 천천히 몸을 들어야 한다. 보통 근육이 만들어지는 과정은 다음과 같다. 운동으로 인해 근육에 미세한 상처가 난다. 이후 휴식과 영양 공급이 이루어지면, 단백질이 상처를 아물게 하면서 한 꺼풀 더 근육이 덮여진다. 이런 과정을 겪어야 근육이 커진다.

독서도 마찬가지이다. 어설프게 10권의 책을 읽는 것보다, 자신이 몰입해서 읽을 수 있는 책 한 권을 10번 반복하거나 비슷한 주제의 책을 10권 읽을 때 독서 근육이 길러진다. 이와 함께 조바심 내지 않는 부모의 정서적 지원과 여유가 필요하다. 어떤 책을 보아도 부모에게 혼나지 않을 것이라는 믿음과, 좋아하는 책을 몰입해서 보게 하는 여유가 있어야 아이의 공부 근육, 독서 근육이 점점 자란다. 그래서 많은 교육 전문가들이 어릴 때는 학원과 문제지 푸는 시간을 줄이고, 아이가 보고 싶어 하는 책을 마음껏 보게 하라고 한다.

하지만 지금은 그렇지 못한 독서 환경이 너무 많다. 부모들의 조급증, 이를 이용하는 도서, 출판계, 그리고 교육 업계의 상술이 맞아 떨어지면서, '가짜 독서', '무늬만 독서'가 양산된다.

믿고 기다려 주는 독서 지도

이런 상황에서 필자는 다음과 같은 독서 지도 가이드라인을 부모에게 권한다.

첫째, 아이들이 정해진 시간에 규칙적으로 책을 읽는 습관을 갖게 한다.

둘째, 도서관에 자주 가서, 아이가 원하는 책을 마음껏 뽑아 오게 한다.

셋째, 어떤 책을 읽으라고 강요하지 않고, 3년간 아이가 읽은 책의 목록을 기록하고, 그 과정에서 아이의 관심사와 진로 적성을 파악한다.

넷째, 읽은 책을 쓰기나 말하기 등으로 요약해 정리하게 하고, 그 내용을 친구나 부모와 나눈다.

다섯째, 아이가 관심 있는 분야가 생기면 그 분야에 대해 자료 조사를 하고 아이가 볼 만한 책을 소개해 준다.

여섯째, 아이가 심심할 수 있는 환경을 만든다. 책을 읽고, 상상하고,

지루하면 또 책을 읽는 선순환이 일어나게 한다.

　일곱째, 아직 어린 아이들은 직접 경험을 많이 하게 해 주고, 배경지식과 어휘력만 먼저 쌓아 준다. 언젠가 아이 스스로 관심 있는 주제의 책을 찾아 읽을 때까지 믿고 기다린다.

　독서 지도도 아이의 성향이나 기질에 따라 다양한 해법이 있다. 모든 아이들이 어릴 때부터 책을 좋아하고 몰입할 수는 없다. 아이만의 방법과 타이밍을 기다려 주며 아이의 재능과 관심사가 잘 나타나도록 돕는 것이 부모와 어른들의 가장 큰 역할이 아닐까 싶다.

⊕⊖⊗⊙ **바로 실천하기**

1. 가정에 가능한 TV나 디지털 기기를 없애거나 줄이고, 아이가 심심하다고 생각할 수 있게끔 여유 시간을 준다.
2. 아이와 함께 정해진 시간에 규칙적으로 책을 읽는 습관을 갖는다.
3. 책을 보기 힘들어 하는 아이들은 살아 있는 경험을 많이 할 수 있도록 기회를 제공한다.

03

게임과 스마트폰을 통제할 수 있는
자제력을 가족이 같이 기른다

전국에서 들려오는 게임과 스마트폰 부작용의 하소연

전국 방방곡곡에서 학군과 교육에 대한 강연을 하며 학부모들을 만나 보면 언제나 빠지지 않고 나오는 질문이 있다. "아이에게 게임과 스마트 폰을 어느 정도까지 허용해야 하나요?", "남들 다 쓰는데 우리 아이만 안 줄 수도 없고 어떻게 해야 할까요?", "디지털 시대고 4차 산업 혁명 시대 인데 우리 아이만 뒤처지지 않을까 염려되면서도 게임이나 스마트폰에 중독될까 걱정돼요."

부모들의 목소리뿐 아니라, 필자의 주변 일상에서도 게임과 스마트폰의 부작용은 쉽게 눈에 띈다.

장면 # 1

최근 7살짜리 아이와 화상 대화 프로그램으로 하브루타를 한 달간 하다가 더 이상 아이가 원하지 않아 중단할 수밖에 없었다. 20분 정도 재미있는 예화와 아이의 일상을 중심으로 다양한 대화를 시도했지만 아이는 눈을 맞추고 몇 십초조차 진지하게 이야기하는 것을 힘들어 했다. 집을 방문해서 며칠 동안 아이의 하루 일과를 살펴보니, 대부분의 시간을 게임과 유튜브 영상을 보는 데 보내고 있었다.

장면 #2

중2 아이가 있는 어떤 집은 매일 '게임을 몇 시간 이상 하느냐'의 문제로 엄마와 아이의 신경전이 벌어진다. 방학이 되니 아이는 밤새 게임하고, 아침에 늦게 일어난다. 가족이 같이 밥을 먹을 때도 나오지 않는다.

장면 #3

얼마 전 친척 상갓집에 가니 아이를 데리고 온 가정의 대부분이 어른들은 이야기하고, 아이들은 게임하거나 유튜브를 보는 모습이 연출됐다. 간만에 보는 친척 어른에 대한 인사도 사촌 간의 대화도 찾아보기 힘들었다. 이제는 상갓집에서 소리 내며 돌아다니는 아이들은 걸음마하는 유아밖에 없다. 그 이상의 아이들은 자리에 앉아서 스마트폰과 게임기를 들고 있었다. 아이의 얼굴과 눈동자에 빨갛고 파란 게임 화면이 반사돼 비치는 모습을 보니 섬뜩한 느낌도 들었다.

요즘 아이들의 일상생활이 이러니, 교육 현장은 더 이상 말할 필요가 없다. 중학교 이상의 아이들 중 글을 3줄 이상 읽지 못하는 '디지털 난독증'이 늘고 있다는 현장의 보고가 쏟아진다. 필자도 자유 학년제 외부 강사로 중학교 몇 곳에서 수업해 보니, 이른바 아날로그 수업은 '씨'도 먹히지 않았다. 아이들의 관심을 끌기 위해 재미있는 오프닝 영상을 3분 정도 보여줄 때는 집중하는가 싶더니, 영상이 끝나고 본론을 말하려고 하니 엎어지는 아이들이 속출했다.

그래서 원래 하브루타 토론 수업으로 기획했던 "나만의 꿈과 끼를 찾는 수업"은, 진로 지도와 연관된 영화를 보고, 짧은 토론을 하는 것으로 대체할 수밖에 없었다. 그나마 영화도 끝까지 보는 아이들은 10명 중 한두 명에 불과했다. 대부분의 아이들은 지루한 내용만 나오면 엎어지려 했다. 짧고 자극적인 영상에 과잉 노출된 아이들이 아날로그 교육에 어떻게 반응하는지 생생하게 체험하는 시간이었다.

디지털에 노출된 아이들의 뇌가 치매에 걸린 뇌와 비슷해진다는 '디지털 치매' 현상이 보고되고 있다. 또한 아이들의 뇌가 구멍 송송 뚫린 스펀지처럼 쉽게 무엇을 빨아들이는 듯하지만 실제로는 정보를 제대로 저장하지 못하는 '스펀지 뇌'가 된다는 말까지 나오고 있다.

이런 상황이기에 필자는 종종 부모들에게 "아이가 최소한 초등학교 때까지라도 게임과 스마트폰에 중독되지 않게 하면 공부에서 절반의 승리는 거둘 수 있지 않겠냐"는 웃기고도 슬픈(웃픈) 이야기를 하곤 한다.

그러면 어떻게 하라는 말인가? 필자는 일관되게 '자기만의 공부 그릇을 만들어야 하는 초등 고학년까지는 강력하게 게임과 스마트폰을 통제하고, 중학교 이후에는 아이에게 맡기는 수밖에 없다'고 방향을 제시했다. "다른 아이들은 모두 스마트폰 있는데, 우리 아이만 안 사 줄 수 있느냐?", "요즘에는 학교 숙제나 공지 사항도 카카오톡 같은 SNS로 온다", "4차 산업 혁명 시대에 오히려 스마트폰을 잘 활용해야 미래를 대비할 수 있다는 견해는 어떻게 생각하느냐?", "우리 때도 오락이나 부모님이 하지 말라고 하는 것 많이 했는데, 지금 어른이 되어서 나름 잘 살고 있지 않느냐?"와 같은 여러 가지 질문과 반론이 있다. 각각의 질문에 여러 사례를 들어 답할 수 있지만 여기서는 가정에서 실천할 수 있고, 실제 좋은 결과로 이어진 사례 중심으로 스마트폰과 게임의 부작용에 대한 대안을 소개하고자 한다.

올바른 디지털, 미디어 기기 사용에 관한 10가지 교육 원칙

첫째, 아이가 어릴 때는 스마트폰 이외에 다른 대체 놀이거리를 충분히 준다.

아무리 스마트폰의 적극적인 활용을 강조하는 사람들도 어린 나이, 특히 36개월 미만의 아이에게 스마트폰이나 디지털 미디어 자극을 주는 것은 아이의 뇌 건강이나 균형 있는 오감 발달에 도움이 안 된다는 사실에 동의한다. 그럼에도 불구하고 육아 현장에서 목격되는 제일 안타까운 모습은 식당이나 공공장소에서 어린아이에게 스마트폰으로 영상을 틀어 주어 돌아다니지 못하게 하거나 조용하게 하는 광경이다.

앞에서도 말했지만 간단한 몸 놀이나 종이접기, 그림 그리기 등 디지털 도구를 쓰지 않고 아이의 지루함을 달래는 다양한 방법이 있다. 부모 몸은 좀 힘들고 챙겨야 할 준비물은 많지만, 아이의 뇌 건강을 위해 이 정도는 노력한다는 마음으로 적극적으로 디지털 과잉을 막을 필요가 있다.

둘째, 게임과 스마트폰보다 더 큰 즐거움이 있음을 알려 준다.

7살 아이가 하루에 2-3시간 이상 게임과 유튜브에 빠져 있는 가정에 이렇게 조언했다. "무리하게 아이를 데리고 책을 읽히고 공부시키기보다, 여유 시간이 있으면 아이와 몸으로 놀아 주는 시간을 좀 더 가져 보세요." 유치나 초등 저학년은 충분히 아이들을 디지털 중독에서 보호할 수 있다. 이때는 아이들이 게임이나 스마트폰 말고 다른 재미를 찾을 수 있는 기회가 많다. 운동을 하거나 친구들과 놀 수도 있고, 혼자서 만들기에 몰입할 수도 있다.

이런 실천을 잘한 한 가정은 자녀 둘을 키우는데 초등학교 고학년이 될 때까지 게임이나 스마트폰 사용 문제로 잔소리하거나 다퉈 본 적이 없다고 한다. 아이들이 운동하고 친구들과 노는 것을 좋아해서 스마트폰을 줘도 별로 사용을 안 한다는 것이다. 이 엄마가 내린 결론은 아이들이 땀 흘리고 수다 떨고 몸으로 스트레스를 많이 푸니, 게임과 스마트폰 같은 중독성 있는 시각 자극으로 스트레스를 풀 필요가 없어진 게 아닌가였다.

이는 비단 어린아이뿐 아니라 어른들의 스마트폰 중독을 예방하기 위해 쓰는 방법이기도 하다. 운동이나 취미 등 다른 오프라인 활동에 매진

하거나 주변 사람들과 대화를 늘리고, 출·퇴근 시간에 유튜브를 보기보다 책을 읽으라고 한다. 게임이나 유튜브보다 더 큰 즐거움이 있음을 경험한 아이들은 디지털과 아날로그 세계를 균형 있게 오가며 자기 삶을 좀 더 윤택하게 만들 수 있다.

셋째, 게임과 스마트폰 없이도 살 수 있음을 경험해 본다.

한 아빠가 딸이 자기 할 일은 하지 않고 틈만 나면 침대에 누워 스마트폰으로 게임하고 유튜브를 보자 한 가지 결단을 내렸다.

"우리 일요일만큼은 유튜브 보지 말고, SNS도 하지 말자."

간만에 가족이 모여 쉬는 일요일에도 각자 스마트폰 보느라 자기 방에서 나오지 않았다. 딸은 화장 관련 유튜브와 개그 프로그램을 몰아 보고, 엄마는 드라마를, 아빠는 야구 하이라이트와 무기 관련 유튜브 영상을 보느라 주말 대부분의 시간을 보냈다. 매일 한두 개만 봐야지 하는데, 유튜브 시스템은 신기할 정도로 각자 관심 있는 다음 영상을 찾아내 밑에 보여 주니, 한 번 스마트폰을 들면 기본이 한두 시간이었다.

다행히 아빠가 평소에 엄마와 딸과 소통을 잘하는 집안이었던지라 아빠의 결단은 첫 주 잘 지켜졌다. 스마트폰을 열지 않으니 아빠는 책을 보게 되고, 딸은 평소에 배우고 싶다던 일본어를 공부했다. 엄마는 가계부를 정리했다. 그리고 함께 집 청소를 했다. 여유 시간이 생기니 집 안에 정돈되지 않은 곳이 보였다.

한 주, 두 주가 지나면서 일요일에 스마트폰을 보지 않고도 일상생활에 그리 큰 문제가 없음을 알게 되었다. 일요일에는 카카오톡도 적게 오고, 관심 있는 블로그 포스팅도 적었다. 다른 사람들도 어떤 형태로든 주말에는 쉬고 있는 것이다. 또, 아빠는 주말뿐 아니라 주중에 유튜브나 스마트폰 보는 시간이 훨씬 줄어들었음을 체감했다. 유튜브에 빼앗겼던 시간을 다른 곳에 선용하니 더 큰 기쁨이 있다는 것을 경험했기 때문에, 유튜브 사용량도 조절되었다.

스마트폰 두 개를 들고 바쁘게 사는 분과 함께 전화도 잘 터지지 않는 필리핀 오지에 봉사 활동을 갔을 때도, 최근에 템플 스테이에서 스마트폰을 반납하고 3박 4일 지내다 온 지인에게서도 같은 말을 들었다.

"스마트폰 없어도 죽지 않던데요."

일주일에 하루라도 스마트폰에서 벗어나 진정한 자유를 누리는 시간을 가져 보자. 그렇게 살아도 충분히 살 수 있다는 경험을 아이에게도 가능한 많이 느끼게 해 주자.

넷째, 스마트폰이나 게임하는 시간의 총량을 정하고 관리하게 한다.

방학 동안 집에서 매일 스마트폰만 보고 있는 아들, 딸과 다투는 엄마를 보고, 한 아빠가 대안을 제시했다. 하루에 스마트폰이나 게임 시간의 총량을 정하고 가능한 지키는 연습을 하자는 제안이다. 먼저 가족 회의를 해서 각자 하루에 게임을 몇 시간 하고, 유튜브를 몇 시간 볼지 정했다. 아들은 게임을 두 시간, 딸도 유튜브를 최소한 두 시간 봐야 한다고 했다. 엄마, 아빠도 정했다. 엄마와 아빠는 유튜브 30분으로 시간을 제한하기로 했다.

이렇게 하고 나서 제일 먼저 바뀐 것은 엄마의 잔소리 패턴이다.

전에는 "야, 게임 그만 안 해, 벌써 몇 시간이야? 너도 유튜브 그만 좀 봐, 숙제는 다했어?" 등의 하지 말라 위주의 부정적 언어였다. 그런데 이제는 "진수야, 이제 몇 시간 남았니?", "선희야, 이제 몇 분 정도 더 볼 거니?" 같은 현실 인정과 대안 제시의 패턴으로 바뀌었다.

과연 아이들이 약속을 잘 지킬까 의심도 들고, 약속한 시간을 정확하게 지키지 못할 때도 있지만 부모와 자녀 간 대화 양상이나 분위기는 이전보다 훨씬 부드러워졌다.

무엇보다 아이들과 함께한 약속인 만큼 부모도 자신을 돌아보고, 약속한 시간은 최대한 지키려고 노력해 아이들에게 본을 보이고자 했다.

다섯째, 규칙을 정했으면 부모도 아이와 동일하게 지킨다.

아이와 스마트폰이나 게임 사용 규칙을 정했으면 부모도 반드시 동일하게 지켜야 한다. 동서양을 불문하고 사춘기에 접어든 아이들이 제일 많이 하는 말은 "그럼 엄마는? 아빠는?"이다. 영어로는 '불공평해'(It's not fair)라고 할 수 있다. 아이들은 자라면서 자신만의 논리와 정의, 공평에 대한 개념이 생긴다. 그 과정에서 제일 먼저 부딪히는 것이 어른, 특히 부모의 언행 불일치와 이중 잣대(double standard)이다. '나는 못하게 하면서 엄마는 한다', '나한테는 어른들에게 인사하라고 하면서, 아빠는 안 한다', '나는 못하게 하면서, 어린 동생은 하게 해 준다.' 이런 일상의 언행 불일치와 이중 잣대를 하나둘 겪다 보면, 엄마, 아빠가 집안에서 정한 규칙을 좋은 마음으로 받아들일 수 없다.

'밥 먹을 때는 스마트폰을 쓰지 않는다'는 규칙을 정했으면, 아이뿐 아니라 어른도 반드시 지켜야 한다. '엄마는 중요한 문자가 왔으니까', '아빠는 회사 중요한 메일을 열어 봐야 하니까'라는 예외가 있으면 안 된다. 아이도 친구가 보낸 안부 인사가 중요하고, 재미있는 영상 정보가 중요하다. 규칙에 예외가 생기기 시작하면 좋은 습관 만들기나 제대로 된 훈육은 힘들다고 봐야 한다. 그리고 규칙을 정할 때 가능하면 아이의 의견을 충분히 반영해, 스스로 규칙을 만들어 지키는 습관을 갖게 하는 게 좋다.

여섯째, 규칙은 어려서는 강하고 엄격하게 적용하고, 크면서 조금씩 풀어 준다.

필자는 평소에 "인성교육은 엄하게, 인지교육은 관대하게 하라"는 말을 자주 한다. 하지만 실제 가정이나 학교에서의 모습은 '인지교육은 엄하게, 인성교육은 관대하게'이다. 학습지를 안 풀거나 학원에 안 가면 난리가 나지만, 어른에게 인사하지 않고 공공장소에서 다른 사람을 배려하지 않는 행동은 '애니까 그렇지' 하고 넘어간다.

또 하나 반대로 된 점은 집안에서의 훈육이나 규칙 적용의 강도다. 어렸을 때 가능한 엄격하게 가르치고, 아이가 크면서 풀어 줘야 하는데, 대부분의 가정에서 어렸을 때는 어리다고 허용하고, 커서는 하지 말라고 하는 것을 늘려 아이를 규제하고 통제하려고 한다.

아이가 아무것도 모를 때 원칙을 가지고 규제하고 통제해야 아이는 그것이 하나의 습관이고 문화라고 받아들인다. 어릴 때는 스마트폰으로 영상을 보여 주고, 게임 실컷 하게 하고, 커서는 공부해야 하니까 SNS와 게임하는 시간을 줄이라고 하면 아이는 부모의 말을 받아들이지 못한다.

위에서 말한 자율적인 규제와 집안의 규칙은 어릴 때 정하고, 가능한 예외 없이 강하게 적용할 필요가 있다. 이후 초등 고학년이 되고, 사춘기가 되면서 규제했던 것을 하나하나 풀어 주는 것이 바람직하다.

또한 아이가 지키기 힘든 규칙인데 꼭 적용해야 한다고 생각하는 내용은 '규제 마감 기한'을 제시하는 것도 한 방법이다. '중학교 가기 전까지는 너에게 스마트폰을 사 주지 않는다', '초등학교 5학년 되기까지 어떤 게임은 안 된다', '어느 학년이 되기까지 어떤 영상은 볼 수 없다' 같이 이른바 규제 해제 기간을 설정하면 아이는 예측 가능성이 생겨, 언제까지 어떻게 자기를 관리하고 절제해야 하는지 스스로 방법을 찾을 수 있다. 밑도 끝도 없이 ' - 는 절대 안 돼'라고 하면 아이들은 더 하고 싶어진다. 국가나 가정이나 적절한 규제에는 '마감'이 필요하다.

일곱째, 가족이 함께 스마트폰이나 인터넷 검색을 하고 각자 본 내용을 나눈다.

진수(가명)네 가정은 저녁을 먹고 한 시간 정도 가족이 모여 스마트폰이나 인터넷 검색을 하는 시간을 갖는다. 대신 다른 시간에는 집에서 스마트폰이나 컴퓨터를 사용할 수 없다. 이런저런 이야기를 하거나 공부하다가 찾아보고 싶은 게 있으면 탁자에 있는 질문 노트에 기록하게 한다.

이는 부모도 마찬가지이다. 온라인 마켓에서 무언가를 사야 하거나, 보내야 할 SNS 메시지가 있으면 우선 노트에 적어 놓는다. 그러고는 온라인 사용 시간이 되면 가족이 식탁이나 거실에 모여 스마트폰을 사용하거나 컴퓨터를 한다.

아이는 컴퓨터를 검색해서 숙제를 하거나, 관심 있는 유튜브 영상을 본다. 엄마, 아빠도 필요한 물건을 주문하거나 검색해서 알고 싶은 것을 이 시간에 알아본다. 시간이 좀 더 허락되면 마무리는 오늘 '가정 온라인 시간'에 나는 무엇을 보고, 어떤 일을 했는지 이야기를 나눈다. 어떤 영상을 봤고 무엇을 느꼈는지 나누기도 하고, 새롭게 다운받은 어플은 무엇인지 그걸로 뭘 하는지도 나눈다.

이 가정 역시 스마트폰이나 게임 문제로 부모와 자식 간 다툼이 거의 없다. 부모는 아이가 어떤 영상을 보고, 무슨 생각을 하는지 자연스럽게 알게 된다. 아이도 스마트폰을 이용해 유튜브를 보거나 게임하는 것 말고, 어떤 좋은 기능이 있고, 어떻게 활용할 수 있는지 자연스럽게 배우고, 어른들의 세계를 조금씩 이해할 기회를 갖는다.

여덟째, 스마트폰이나 게임기를 쉽게 사 주지 않는다.

아이에게 스마트폰을 사 주면 부딪히게 되는 또 하나의 문제는 '잦은 분실과 고장', 지속적인 '사양 업그레이드 요구'이다. 게임도 마찬가지다. 컴퓨터 사양 업그레이드에 대한 요청이 계속 이어진다. 이럴 때 무조건 아이의 요구를 들어주는 것은 바람직하지 않다. 이는 디지털 활용 교육뿐 아니라 경제 교육과도 연관된 내용인데, 가능한 아이에게 생일이나 졸업 선물로 비싼 스마트폰이나 게임기, 컴퓨터를 사 주지 않는다.

가장 좋은 방법은 아이가 원하는 기기를 갖기 위해 돈을 모으게 한다. 용돈을 모으거나, 아르바이트나 집안 심부름을 통해 돈을 모을 수도 있다. 그렇게 해서 최소한 어느 정도 돈을 스스로 모으고, 그 돈에 부모의 도움을 받아 기기를 사야, 물건도 아껴 쓰고 돈의 소중함도 안다.

아홉째, 청소년기 이후에는 게임과 스마트폰 사용의 자율성을 부여한다.

가정에서 스마트폰이나 게임에 관한 올바른 사용 규칙은 아이가 어리면 어릴수록 적용 가능하다. 아이가 중·고등학생이 되면 게임이나 스마트폰을 부모가 통제하는 것은 거의 불가능에 가깝다. 오히려 이 문제로 아이와의 갈등만 늘고 큰 싸움으로 이어진다. 그렇기에 아이가 이미 게임이나 스마트폰에 깊이 빠진 상황에서 청소년기를 맞은 경우라면, 무리하게 아이를 바꾸려고 하기보다 현실을 인정하고, 대안을 찾는 편이 현명하다. 한 가지 대안은 전문적인 상담이나 치료를 받는 방법이다. 부모가 직접 이야기하기보다, 전문가의 이야기를 듣고 문제를 인식해 스스로 대안을 찾아야 한다.

흔히 아이가 어릴 때는 부모 몸이 힘들고, 아이가 크면 부모 속이 타들어간다고 한다. 아이가 몸이 다 컸다면 이제 과제는 부모의 정신력을 키워야 한다. '아이를 키우려고 하기보다 나를 키우는 데 집중해야 할 때'가 바로 자녀가 청소년기에 접어든 시기이다.

열째, 어려서부터 스마트폰을 하지 않는 친구들이나 환경을 마련해 준다.

스마트폰을 사달라고 조르는 아이의 논리 중 하나가 '다른 아이들은 다 있는데 왜 나는 없냐'이다. 그런데 이런 고민이 전혀 없는 곳이 있다. 필자가 매년 가는 필리핀 오지의 신앙 공동체에 사는 아이들은 "왜 나만…"이라는 말을 하지 않는다. 어른들도 공동체 내에서는 거의 스마트폰을 쓰지 않고, 아이들 누구도 스마트폰을 가지고 있지 않기 때문이다.

전화도 안 터지는 오지에서나 가능한 일이라고 할 수 있는데 한국에서도 가능하다. 최근에 한 대안학교에 갔더니 초등학생 가운데 스마트폰을 가지고 있는 아이들이 거의 없었다. 컴퓨터도 초등 고학년부터 사용한다. 이 학교는 유치원부터 고등학교 과정까지 있기 때문에 어릴 때부터 일관성 있는 교육을 받는다. 먼저 스마트폰이나 컴퓨터 기기를 어떻게 활용해야 하는지 교육을 충분히 받고, 중·고등학교부터 디지털 기기를 쓰니 아이들은 통제력이 생기고, 이 문제로 학교에서 지나친 규제를 할 필요도 없다.

이 역시 대안학교나 홈스쿨링 같이 대안 교육 하는 아이들만 가능하지, 일반 제도권 교육 안에 있는 아이들은 힘들다고 생각하는데, 쉽지는 않지만 불가능한 것은 아니다. 필자가 진행하는 '역사 하브루타'나 '더 나은 교육' 실천 모임에서는 초등학교 아이들 가운데 상당수가 스마트폰이 없다. 나만 없는 게 아니니 아이들이 이런 상황을 받아들이는 게 어렵지 않다. 결국 개인이 혼자 하기 힘들면, 같은 이상을 추구하는 사람들이 연대하고 공동체를 만들어야 실천이 가능하다.

미국에서도 중학교 2학년까지는 스마트폰을 주지 말자(Wait until 8th)라는 '스마트폰 유예 운동'이 시작됐다. 이 취지에 공감하는 부모들이 서약하면 스마트폰을 쓰지 않는 아이들을 모아 서로 친구를 맺고 공동체를 맺게 해 준다. 2018년 1월 NBC 투데이쇼에 보도 당시 미국 전역에서 6,000 가정 이상이 서약했고, 점점 확산되고 있다.

　문화체육관광부 국민 소통실에서 제시한 '스마트폰 바른 사용 실천 가이드'의 내용도 참조해 각 가정에서 적용 가능한 것부터 하나둘 실천해 보는 것도 좋다. 필자가 이야기한 대안이나 좋은 실천 사례와 겹치는 내용도 상당히 많다.

📝 **스마트폰 바른 사용 실천 가이드 (출처: 문화체육관광부 국민 소통실)**

1. 올바른 자세로 스마트폰 이용하기

잠들기 전 불을 끄고 누워서 스마트폰을 하기보다는 밝은 곳에서 올바른 자세를 유지하며 사용하기!

2. 온 가족 스마트폰 사용 약속 정하기

가족이 함께 스마트폰을 모아 두는 장소와 사용 시간을 정해 불필요한 사용을 줄여 보세요!

3. 식탁에서는 스마트폰 사용하지 않기

하루 중 거의 유일하게 한자리에 모이는 식사 시간, 스마트폰은 잠시 멀리하고 대화를 나눠 보세요.

4. 가족들과 스마트폰 휴(休)요일 정하기

스마트폰 휴요일에는 가족과 함께 시간을 보내며, 스마트폰 사용을 조절해 보세요.

5. 거실 등 가족이 함께 있는 장소에 스마트폰 가져오지 않기

학업이나 스마트폰 사용과 같은 무거운 주제보다는 부담 없는 일상적인 주제로 대화가 이어지도록 유도하기

6. 스마트폰 이용 시간을 조절하도록 도와주는 앱 활용하기

스마트폰 사용을 조절하기 어렵다면 '스마트보안관' 같은 앱을 설치해 스스로 시간을 알아보고 조절하기!

7. 잠들기 두 시간 전에는 스마트폰 사용 줄이기

취침 전 최소 두 시간 전에 스마트폰을 사용하면 뇌를 계속 활동하게 만들어 숙면을 방

해할 수 있으니 주의하세요.

8. 침실에 스마트폰 충전기 두지 않기

디지털 기기나 충전기를 침실로 가져오면 충분한 수면 시간을 확보하지 못할 수 있어요.

9. 모든 순간을 기록하려고 하지 않기

매 순간을 기록하고자 하는 행동이 그 순간을 즐기려는 사람들을 방해할 수 있어요. 스마트폰을 꺼낼 땐 왜 이용하는지 꼭 생각해 보기

10. 아이 앞에서는 가급적 스마트폰 사용하지 않기

집 안에서는 스마트폰을 아무 곳에나 방치하지 말고, 서랍에 넣어 두거나 주머니에 넣어서 눈에 띄지 않게 하기!

⊕⊖⊗⊝ 바로 실천하기

1. 위에서 말한 스마트폰 사용 지침을 온 가족이 같이 의논하고, 우리 가정만의 사용 규칙을 정한다. 아래 실천 팁을 활용한다.
2. 매주마다 규칙이 잘 지켜지고 있는지 점검하고 문제점이 있으면 개선 방법을 같이 찾아본다.

실천 Tip 1. 아이와 함께 스마트폰 사용 규칙 만들기
① 실천 사항: 집에서 스마트폰 사용 규칙을 아이와 같이 만들어 보고, 디지털 시대에 올바른 인간관계 훈련을 연습한다.
② 준비 사항
1. 스마트폰 사용으로 인간적인 소통이 단절된 모습을 보여 주는 사진이나 영상 자료
2. 상황극을 할 수 있는 가족이나 친구들

③ 대화와 토론

부모　오늘은 스마트폰과 인간적인 의사소통이라는 주제로 몇 가지 실습을 해 보고, 관련해서 토론을 하려고 해요. 우리 집에서는 12살 이전까지는 스마트폰을 사용하지 못한다고 했지요. 왜 이런 규칙이 필요하다고 생각해요?

아이 1　맞아요. 다른 아이들은 다 스마트폰 있고, 스마트폰으로 게임도 하고, 유튜브 영상도 보는데 왜 우리는 안 되는지 이해가 안 돼요.

부모　그래요, 왜 우리 집에서는 스마트폰을 가능한 늦게 쓰게 하고, 어른도 집에서는 스마트폰을 쓰지 말자고 그럴까요? 우선 스마트폰으로 주로 무슨 일을 하나요?

아이 2　전화도 하고, 궁금한 것 검색도 하고, 물건도 사요. 카카오톡으로 연락도 하고, 페이스북으로 자기가 뭐 하는지 친구들에게 알려요.

아이 1　가장 유용한 때는 길 잃어 버렸을 때에요. 지도를 보고 쉽게 찾아갈 수 있어요.

아이 2　심심하면 게임도 하고, 영화도 보고, 유튜브 영상도 볼 수 있어요.

부모　엄마, 아빠가 제일 걱정하는 부분이 바로 이 점이에요. 어렸을 때는 심심하고 멍하는 시간이 필요한데, 요즘 아이들은 심심할 시간이 없어요. 저녁에 심심하면 이야기하거나 책을 보게 되요.

하지만 요즘은 이런 사람과의 관계나 책을 통해 심심함을 해결하려는 노력보다, 가볍고 자극적인 즐거움에 의존해요. 그래서 많은 아이들이 심심함을 참지 못하고, 자기가 하기 싫을 것을 하는 참을성이 점점 없어져요.

아이 2 그건 애들만 그런 게 아니고 어른들도 그렇잖아요.

부모 그래요, 그래서 우리 집에서는 어떻게 할지 생각해 보려는 거예요. 상황극을 해 보고, 어떤 생각이 드는지 생각해 봐요.

(아래 세 가지 중에 아이의 수준에 맞는 것을 선택해 아이와 상황극을 해 보고, 소감을 나눈다.)

상황극 #1.
부부나 연인으로 보이는 두 사람이 마주 보고 앉아서 각자 스마트폰을 보고 SNS를 하며 서로 대화하지 않는다.

상황극 #2.
가족이 한 식탁에 앉아 밥을 먹으면서 각자 스마트폰만 보고 이야기를 나누지 않는다.

상황극 #3.
엄마나 아빠가 집에 들어왔는데 아이는 스마트폰만 보고 있고, 엄마나 아빠에게 아는 체하지 않는다. (부모와 아이의 역할을 바꿔 볼 수 있다.)

부모 상황극을 해 보고 어떤 생각이 들었나요?

아이 1   사람들이 자기 앞에 있는 사람보다, SNS나 인터넷 공간 안에 있는 사람들에게 더 신경 쓰는 것 같아요.

아이 2   사람이 바로 옆에 있는데도, 정작 사람들은 외로워 보여요.

부모   그래서 우리 집에서는 몇 가지 스마트폰 이용 규칙을 정해 보려고 해요. 스마트폰은 유용한 것이지만, 잘못 사용하면 점점 중독되고, 올바른 인간관계를 맺는 연습을 할 수 없어요. 그래서 아이들은 최대한 늦게 스마트폰을 사용하는 것이 좋고요.

아이 1   그럼 어떤 규칙을 정해요?

부모   어떤 규칙을 정하면 좋겠어요. 각자 한번 이야기해 봐요.

아이 2   서로 문자나 SNS 내용은 확인하더라도, 식사하거나 둘이 같이 있는 시간엔 스마트폰을 보지 않아요.

부모   아주 좋은 생각이에요. 또 어떤 것이 있을까요?

아이 1   집에서는 될 수 있으면 스마트폰을 사용하지 않고, 책상 위에 올려놓아요. 가족이 함께 있는 시간은 스마트폰보다, 다같이 놀이를 하거나 이야기하고, 책을 읽어요.

부모   그것도 아주 좋은 생각이에요. 그럼 이렇게 우리 집 규칙을 정할게요.

첫째, 집에 들어오면 될 수 있으면 스마트폰을 하지 않는다. 특히 다른 사람들이 있으면 내 앞에 있는 사람에게 우선순위를 둔다.

둘째, 밥을 먹거나 같이 앉아 있는 자리에서는 정말 중요한 연락이 아니면 스마트폰을 하지 않는다.

셋째, 마주 보고 있는 상황에서 스마트폰을 확인해야 한다면 상대에게 양해를 구하고, 잠깐 자리를 떠나서 내용을 확인하거나 통화하고, 돌아와서는 앞에 있는 사람에게 집중한다.

실천 Tip 2.

《디지털 치매》나 《스마트폰에 빠진 아이들, 어떻게 가르칠 것인가?》의 책을 보면, 디지털 기기가 어떻게 아이들에게 중독성을 심어 주고, 가상 공간에서의 사회성이 실질적인 인간관계 향상에 도움이 되지 않는지 나온다. 이런 책을 읽고 부모가 먼저 스마트폰이나 디지털 기기의 한계를 분명히 인식할 필요가 있다.

04

우리 아이에게 맞는
독서 시기와 방법을 찾는다

우리나라의 이상한 독서 열기

우리나라처럼 아이가 어릴 때부터 책을 많이 읽기를 바라는 나라가 세
상에 또 있을까 싶다. 어떤 사람은 아이가 책과 친해지도록 책을 방에 깔
아 놓으라고도 한다. 다른 어떤 놀이보다 책을 가지고 놀면 많은 부모들
은 기뻐한다. '아이들은 일찍부터 반드시 책을 읽어야 한다.'는 강박 관
념이 있는 듯하다.

'교육열' 하면 세계 최고라고 할 수 있는 유대인 가정에서는 아이에게
책을 가지고 놀게 하거나 책을 많이 읽으라고 강요하지 않는다. 그들이
아이에게 바라는 독서는 유대인 경전인 토라(모세오경)와 기도서를 자주
읽고 암송하는 것이다. 유대인뿐 아니라 미국에서도 독서 교육에 관심

있는 부모들이 많다. 하지만 대부분의 가정은 아이가 책만 보고 운동을 안 하거나 친구와 잘 놀지 못하면 유사 자폐증이 아닌지 혹은 너무 범생이(Nerd)가 되지 않을까 걱정한다.

또 하나 우리나라에서 재미있는 현상은 엄청난 독서 열기가 중·고등학교만 가면 순식간에 사라진다는 점이다. 집집마다 아이를 위한 책으로 거실이 가득차고, 아이의 독서를 돕기 위한 수많은 프로그램이 있는데, 중·고등학교를 지나면 대부분의 아이들이 일 년에 책 한두 권도 제대로 읽지 않는다. 정말 이상한 나라의 조기 독서 열기와 독서 교육의 허망한 결과라고 할 수 있다.

우리나라의 독서는 너무 빨리 타오르고, 너무 빨리 꺼져 버리는 근시안적인 접근이 많다. 어릴 때 지나치게 '빨리, 많이' 아이에게 책을 읽으라고 강요하기보다 천천히 아이의 속도에 맞춰 기다려 주며, 올바른 독서법으로 꾸준히 책을 보게 하는 법을 가르치고, 책을 통해 인생을 더 풍요롭게 하는 방법을 가르치는 것이 현명하지 않을까?

모든 아이가 어려서부터 책을 잘 읽을 수 없다

올바른 독서법에 대해 다양한 의견이 있지만, 자녀 교육 측면에서 필자가 강조하는 내용은 세 가지이다. 아이의 지적 수준에 맞는 독서, 지혜독서와 재능독서의 균형, 위인전과 전기를 활용하는 독서법이다.

먼저 바람직한 독서 교육을 위해 많은 부모들이 인정해야 할 전제가 있다. 바로 모든 아이가 어려서부터 책 읽기를 좋아하고, 몰입해서 책을 읽을 수 없다는 '사실'이다. 서양에서는 글자를 뒤집어 읽거나 쓰는 난독증이 많은 편이고, 아이의 책 읽기 속도에 있어 여러 가지 다양한 모습이 있음을 인정하는 분위기이다. 최근 많은 뇌 과학 연구를 통해 학자들은 난독증 증상을 보이는 아이는 자음과 모음을 파악해 단어로 인식하는 문자 해독 능력이 떨어진다는 사실을 발견했다. MRI 사진을 찍어 보면, 난독증이 있는 아이의 뇌에서는 문자 해독 기능을 담당하는 후두엽, 측두엽 부분이 제대로 활성화되지 못하는 모습을 보인다. 최근에 난독증 증상이 있는 아이에게 음운 인식 능력을 개선시키는 프로그램을 통해 이를 개선한 사례도 보고되고 있다.

이렇게 서양에서는 책을 잘 못 읽거나 읽기 싫어하는 아이의 특성을 이해해 주고, 아이에게 맞는 독서법을 찾아주려고 노력한다. 하지만 우리는 일률적으로 모든 아이가 평균 수준 이상으로 책을 봐야 한다는 획일적인 사고를 갖고 있다.

책을 잘 읽을 수 없는 아이 이해하기

전국을 다니며 자녀 교육 상담을 해 보면, 우리 아이가 책을 너무 읽지 않고, 게임만 해서 걱정이라는 부모들을 많이 만난다. 이런 부모들에게 자주 인용하는 이야기가 고영훈 작가의 '사색형 두뇌'와 '행동형 두뇌' 가설이다. 고영훈 작가는 독서에 있어 아이들의 두뇌를 크게 두 가지 유형으로 구분한다. 첫째는 '사색형 두뇌'인데, 이런 성향의 아이는 조용히 혼자 놀기를 좋아한다. 어려서부터 앉아서 집중해서 책을 보는 게 가능하다. 문자 해독력이 빠르고 어휘량이 늘어나니 읽고 독해하는 능력이 빨라지고, 이는 더 많은 독서로 이어진다. 언어 능력이 좋은 아이가 학업 성취도도 높은 이른바 매튜 효과(Matthew effect)가 나타난다.

반면 '행동형 두뇌'의 아이는 가만히 앉아 있기 힘들다. 친구들과 어울려 놀아야 하고, 자연 속에서 에너지를 발산해야 한다. 이런 성향의 아이는 조용히 앉아서 책을 읽기보다 다양한 경험과 만남 속에서 어휘를 습득하고 사람들과 소통하는 능력을 길러야 한다. 고영훈 작가는 행동형 아이들은 어느 정도 기본적인 체험과 어휘가 채워져야 텍스트를 읽는 독서를 할 수 있다고 말한다. "그럼 우리 아이는 학생 때 제대로 책을 읽을 수 없단 말인가? 그게 무슨 황당한 이야기냐?"고 할 수도 있지만 가만히 생각해 보면 이런 모습은 실제 우리 주변에서도 많이 볼 수 있다. 어떤 사람은 어릴 때 거의 책을 읽지 않다가 사회생활이나 인생의 여러 우여곡절을 겪으면서 책이 눈에 들어오고, 책을 통해 인생이 변하는 경험을 하기도 한다.

고영훈 작가의 이런 주장을 들으며 필자는 그동안 풀리지 않던 한 가지 의문이 해결됐다. 지인 중에 자수성가로 큰 사업을 이룬 사람이 있는데, 그는 고등학교 때까지 수업 시간에 자는 게 일이었다. 주위에서 책을 읽으라고 해도 거의 눈에 들어오지 않았다고 한다. 그러다 사회생활하고 여러 가지 어려움을 겪으며 책을 보게 되었는데, 그렇게 안 읽히던 책이 어른이 되서는 술술 읽히기 시작했다. 눈에 들어오는 책을 들어 몇 페이지를 읽어 보니 본인이 고민하던 문제의 답이 거의 책에 있다는 것을 깨닫게 되었다. 마케팅, 인간관계, 조직 관리와 같은 실용적인 주제뿐 아니라 왜 사는지, 어떻게 살아야 할지에 대한 인문학적 질문까지 사회생활을 하며 고민한 많은 문제의 답을 책에서 찾았다. 그렇게 한두 권씩 책 읽는 양이 쌓이자, 읽는 속도나 독서량이 급속도로 늘기 시작했다. 그리고 자기가 읽은 책을 다른 지인이나 직원들에게 권했다. 다른 사람들의 삶이 변하는 것을 보고, 독서로 삶이 변할 수 있다는 확신이 들었다. 이후 자신의 회사에서도 교육과 독서를 경영의 최우선 과제로 두고 상당한 성과를 냈다.

글이 눈에 들어오지 않는 아이에게 필요한 것

책을 읽기 힘들어 하거나, 싫어하는 아이는 나름의 독서법을 찾아 줘야 한다. 인류 역사상 많은 사람들이 문자를 해독하고 책을 읽기 시작한 지는 100년, 200년이 채 되지 않는다. 근대 산업 국가에서 국민들을 노동자와 군인으로 만들기 위해 본격적으로 교육을 시작하면서 책 특히 교과서 읽기는 모든 국민의 의무였다. 우리나라도 100년 전만 해도 글자를 알고 책을 읽을 수 있는 사람은 인구의 몇 %밖에 되지 않았다. 물론 인류가 오랫동안 책을 읽지 않고도 살았으니, 지금도 책을 읽을 필요가 없다는 말은 아니다. 과거 귀족이나 소수의 사람에게 허락되던 책 읽기의 특권을 한 사람이라도 더 누리고, 더욱 풍요로운 삶을 살 수 있는 기회가 현대에는 열려 있다. 핵심은 아이들이 문자로 된 글을 읽을 수 있는 시점이 다름을 인정하고, 기다려 주자는 것이다. 또한 아이만의 독서 길을 찾게 해서 독서를 혐오의 대상으로 만들지 말자는 것이다.

책을 읽으려면 우선 단어를 알고, 문장 구조에 대한 이해와 독해력이 있어야 한다. 해독한 내용이 이해가 되려면 세상에 대한 이해(독해 문제 풀이에서는 배경지식이라고 하는)가 있어야 하고, 궁극적으로 책으로부터 배우고자 하는 꾸준한 동기가 필요하다.

사색형 두뇌의 아이들은 책 읽기를 통해 바로 단어와 문장 구조를 익힐 수 있지만, 행동형 아이들은 쉽지 않다. 행동형 두뇌의 아이들은 먼저 듣기와 직접 경험을 통해 어휘 수를 늘리고, 세상에 대한 지식을 확장해야 한다. 그 이후에 텍스트로 된 책을 술술 읽을 수 있다.

결론적으로 모든 아이에게 특정 시기에 어떤 분량의 책을 읽어야 한다고 강요하기보다, 아이의 어휘력과 세상에 대한 지식 수준에 맞는 독서를 권해야 한다. 아직 책을 보기 힘든 아이들은 세상이라고 하는 '산 책'(살아 있는 책)을 더욱 많이 보여 줄 필요가 있다.

⊕⊖⊗⊙ 바로 실천하기

1. 우리 아이의 독서 성향을 관찰해 어떤 독서 지도 방법이 맞을지 생각한다.
2. 책을 잘 보지 않는 아이라면 듣기와 경험하기를 통해 다양한 어휘를 습득하고, 배경지식을 갖추어 책을 읽을 수 있는 준비를 한다.

05

지혜독서에서 시작해
재능독서로 나아가게 한다

인지 능력이 뛰어난 아이에게 반드시 필요한 지혜독서

한 번은 수학 영재라고 불리는 아이의 가정을 방문한 적이 있다. 어려서
부터 공부 욕심이 많고, 어휘력도 풍부하고, 모든 것이 빨랐다. 5살 무렵
부터 수학 학습지를 풀게 했는데, 놀라울 정도의 집중력을 보이며 문제
를 풀었다. 부모가 더 이상 감당이 안 돼서 유치원 하원 후 초등학생들이
다니는 수학 학원에 보냈는데, 형, 누나들과 같이 공부하면서도 전혀 뒤
지지 않고 따라갔다. 무엇보다 승부 근성이 대단해 누구에게 지는 것을
받아들이지 못했다. 학습적인 면은 큰 문제가 없었지만 한 가지가 염려
되었다. 아직 학교도 가지 않는 7살 아이인데, 엄마, 아빠에게 잔소리를
많이 하고, 간혹 아빠를 무시하는 모습을 보였다. 부부는 이대로 아이를

키우면 과학고나 영재고는 무난히 보내겠다는 기대감이 있었다. 필자는 이 부부에게 한 가지 조언을 했다.

"공부는 가만히 두어도 아이가 알아서 열심히 할 것 같습니다. 너무 일찍 진을 빼기보다 장기적인 안목을 갖고 아이를 지도하면 좋겠네요. 무엇보다 학원 다녀온 저녁 시간이나 주말에는 제가 권하는 '역사 하브루타'나 인문학적 공부를 아이와 같이 하면 좋겠습니다."

계산력이나 암기력 같은 인지적인 능력이 탁월한 아이가 주변의 칭찬을 많이 받고, 입시나 이후 사회생활에서 성공할 가능성이 많은 것은 분명하다. 하지만 재능이 많고, 공부를 잘해서 성공했다고 해서 삶이 행복한 것은 아니다.

드라마나 영화에서 왜곡되어 나타나는 모습과 달리 전교 1등이나 최상위권 학생들은 재능도 있고, 예의도 바른 경우가 많다. 그런데 간혹 재능과 실력은 되는데, 버릇이 없거나 인성이 안 된 아이도 있다. 이기적이고, 부모나 선생님을 경쟁에서의 승리와 성취 도구로 사용하려는 아이도 있다. 20년간 입시를 지도하며 일 년에 한두 명은 그런 아이를 만났다. 그 아이들에게는 미안한 이야기지만 솔직히 "아, 제가 ○○대 가면 안 되는데…", "아, 제가 의대 가면 안 되는데…"라는 마음이 들기도 했다. 아이가 얻을 학벌이나 사회적 지위, 그리고 여러 가지 특권을 가지고 앞으로 어떻게 살지가 눈에 그려지니, 왠지 마음이 불편했다. 사실 이런 아이들은 작은 성취로 본인뿐 아니라 주변 사람도 행복할 수 없기에 무언가 다른 이야기를 해 주고 싶었다. 하지만 현실적으로 수업 시간 틈틈이 뭉

뚱그려 말하는 것 외에는, 아이를 불러서 인성교육이나 지혜교육을 시킬 수는 없었다.

아이가 어려서부터 일찍 재능을 보이고, 인지 공부에서 두각을 보인다면 인지 공부는 학교나 학원에 맡기고, 부모는 인성교육이나 지혜교육에 더욱 힘쓸 필요가 있다. 그래야 아이가 갖고 있는 재능으로 이 세상과 다른 사람들을 이롭게 하면서 오랫동안 자신의 재능도 펼치고 행복하게 살 수 있기 때문이다.

인지 능력이 뒤처지는 아이에게도 꼭 필요한 지혜독서

재능이 일찍 드러나고 인지 공부가 잘 되는 아이뿐 아니라, 배움이 늦고, 자기가 무엇을 잘하고 좋아하는지 모르는 아이도 지혜교육과 인성교육에 힘써야 한다. 지혜교육은 지식교육과 달리 아이를 닦달하고 심하게 몰아붙이지 않고, 여유를 갖고 기다려 줄 수 있기 때문이다. 쉽게 말해, 아이가 영어, 수학 90점 맞는데 도움이 되는 독서가 아닌, 착하고 바르게 사는 데 도움이 되는 독서를 한다고 생각하면 훨씬 마음의 여유가 생긴다.

'아이만의 독서 시기를 인정하고, 지금 책을 읽지 않더라도 걱정하지 말고 기다려 주자'는 말은 우리나라 많은 부모들에게 큰 위로가 되지 않는다. 우리나라에서는 책을 읽지 않고, 문제지 풀 수 있는 능력이 없으면 '공부 쪽은 힘들고, 4년제 대학은 포기해야 하고, 전문대 가서 기술 배워 바로 사회로 나오라는 거냐'라는 말로 들린다.

이런 점에서 생각해 보면, 우리나라 부모들이 왜 그렇게 아이가 어려서부터 책 읽기를 바라는지 진짜 이유를 알 수 있다. 결국 책을 많이 읽어서 어휘력을 늘리고, 독해력을 늘려서 교과서를 잘 이해하고 문제를 잘 풀어 좋은 대학에 가게 하고자 함이다. 문제는 이런 '생산적인(?)' 독서를 할 수 있는 아이는 많아야 상위 10-20%에 불과하다는 것이다. 나머지는 지식독서, 인지독서가 잘 되지 않는다. 대다수의 아이들에게는 내가 왜 살고, 어떻게 살아야 할지에 대한 답을 찾는 지혜독서, 내가 행복한 삶을 사는 데 도움이 되는 즐거운 독서가 필요하다.

그렇기에 부모나 사회 분위기가 독서를 인지 학습을 위한 도구로 보지 않고, 아이의 삶을 풍요롭게 하는 진짜 독서라는 관점에서 본다면 책을 안 읽는 문제도 상당 부분 해결의 길이 보인다. 아이의 삶을 풍성하게 하는 지혜독서가 목표라면 지금처럼 양적 독서를 강조하고 전집을 읽게 하고, 지정 독서를 읽고 독후감을 쓰라고 강요할 필요가 없다. 인생을 사는 데 중요한 한두 권의 책을 반복해서 읽으며 왜 살고, 어떻게 살아야 하는지에 대한 답을 천천히 찾아갈 수 있는 여유가 생긴다.

독서의 패러다임이 바뀌어야 기다려 줄 수 있다

지혜독서를 중시하는 사회가 되려면 개인의 노력뿐 아니라, 사회적인 노력도 필요하다. 많은 부모들이 문제지 푸는 공부를 잘하지 못하면 아이의 인생을 망칠 수 있다고 생각하는 근본적인 이유는 학벌과 직업에 따른 차별이 존재하는 우리 사회의 구조적인 모순 때문이다. 실제 블루칼라 노동자로 살면서 주말에는 도서관에서 책을 보고, 미술관에 가고, 본인이 좋아하는 취미 생활을 하고 나름의 방법으로 행복하게 사는 이른바 서구식 삶의 다양성이 우리 사회에는 보이지 않기 때문에 불안감을 더욱 부추긴다.

과연 지혜독서를 하면서 많은 사람들이 행복하게 사는 사회를 현대 산업 사회에서 이룰 수 있을까? 필자는 이런 좋은 모델을 미국 정통파 유대인의 삶에서 찾았다. 유대계 정치인으로 미국 민주당 부통령 후보까지 올랐던 조셉 리버만의 《안식의 선물(The Gift of Rest)》(우리나라 미번역)을 보면, 블루칼라 노동자이지만 안식일에 회당에 와서 성경을 토론하고, 기도를 인도하는 한 아저씨가 등장한다. 안식일이 끝나면 사회에서 크게 인정받지 못하는 평범한 사람으로 돌아가지만, 그 아저씨는 안식일 회당에서 만큼은 어느 위대한 랍비 못지않은 자부심을 갖고 안식일을 보낸다. 부자든 가난한 사람이든, 대학을 나왔든 고등학교만 나왔든 상관없이, 누구든지 자신이 깨달은 진리를 나누고 토론할 수 있는 장이 회당에서 열리기 때문이다.

유대인 공동체에는 좋은 전통이 있어 이런 분위기가 가능하다. 예배나 공부를 위해 회당을 찾는 유대인 남성들은 대부분 검은 양복에 검은 모자를 쓴다. 부자라고 더 좋은 양복을 입고 오거나 사회적 지위를 나타내는 어떤 표시도 할 수 없다. 진리 앞에서 만큼은 빈부나 사회적 지위에 관계없이 모든 사람이 평등함을 느낄 수 있는 장치를 만든 것이다.

결국 우리나라 교육은 단순히 교육 자체의 문제가 아니다. 직업에 대한 사회적 편견이 없고, 블루칼라와 화이트칼라 일자리, 대기업과 중소기업 일자리의 임금 격차를 줄이는 사회적 대타협과 인식 개선이 전제되지 않는다면 기다려 주는 교육과 독서는 요원하다. 하지만 여기서 포기해서는 안 된다. 한 아이라도 더 행복한 삶을 살게 하고, 그 길을 책에서 찾길 바란다면 가정에서부터 아이에게 지식독서보다 지혜독서를 권해야 한다.

게임과 유튜브 등의 중독에서 벗어나는 첫 단추

지혜독서가 필요한 이유는 아이들을 둘러싼 여러 가지 유해 환경 속에서 아이들의 고민을 나눌 수 있는 기회가 가능하기 때문이다. 책을 읽지 않는 아이를 둔 부모들의 현실적인 고민은 아이들이 대부분의 시간을 게임과 유튜브 시청, 아이돌과 대중문화를 소비하는 데 쓰고 있다는 점이다. 학교 공부는 안 하더라도 자기가 좋아하는 주제의 책이라도 꾸준히 읽었으면 좋겠는데, 그게 안 된다. 결국 이 문제에 대한 해결책도 아이에게 게임을 줄이고 책을 읽으라고 잔소리하기보다, 한두 권의 책을 꾸준히 지혜독서의 관점에서 읽으며 찾을 수 있다.

지혜독서는 평생 한두 권의 책을 반복하며 읽는다고 생각하니 진도에 대한 압박이 없고, 양이 많지 않아서 좋다. 즉, 책을 많이 읽지 않는 아이도, 책을 전혀 읽지 않는 아이도 충분히 가능하다. 아무리 책을 안 읽어도 평생 적어도 한두 권은 읽을 수 있지 않은가? 하지만 수많은 교과서와 필독서를 읽어야 한다는 압박에 정작 중요한 한두 권의 책도 끝까지 제대로 읽지 못하는 게 우리나라 독서 교육의 현실이다. 학교나 학원과는 달리 집에서는 커리큘럼과 진도에 대한 부담이 없다. 지혜독서를 실천하기 가장 좋은 장소는 바로 가정이다.

지혜독서란 무엇이고 어떻게 실천해야 할까?

그러면 도대체 지혜독서는 무엇이고, 어떻게 실천해야 할까? 필자가 자주 말하는 유대인의 토라, 탈무드 공부나 우리 조상들의 유교 경전 공부가 바로 지혜독서라고 할 수 있다. 부모, 자녀가 같은 텍스트를 보고, 왜 살고, 어떻게 살아야 하는지 토론하는 시간을 갖는다. 신앙이 있는 가정에서는 자신들의 신앙 텍스트로, 신앙이 없는 가정은 역사나 문학 등 아이 수준에 맞는 인문학 텍스트를 가지고 긴 호흡으로 공부할 수 있다.

예를 들어 논어를 가지고 지혜독서를 한다면, 어려서는 어린이용 논어를 읽고, 점점 원전에 가깝게 가면서 논어를 반복해 읽는다. 논어를 외울 정도로 읽었다면 맹자나 중용 같은 다른 유교 경전을 인문학 텍스트로 꾸준히 읽는다. 책 선정은 이번 달에는 논어, 다음 달은 셰익스피어 작품을 읽는 것처럼 이것저것 계통 없이 인문학 책을 보는 것이 아니라, 한 가지 주제에 대해 반복적으로 꾸준히 깊이를 더해 가며 읽는다.

이런 취지로 우리나라 평범한 가정에서 역사를 주제로 지혜독서를 하고, 아이와 토론할 수 있는 방법과 실천 사례를 정리한 책이 필자의《역사 하브루타》이다. 자세한 내용과 실천 사례는 이 책을 참조한다. 아이가 책을 잘 못 읽거나 읽기 싫어한다면 인근 역사 유적지 탐방이나 다양한 영상 자료를 시청한 후 주제를 정해 아이와 이야기를 나누는 방법이 있다.

자기의 꿈과 끼를 찾아가는 재능독서

이렇게 평생 인문학 책 한두 권을 반복해서 읽고 나름 소신을 갖고 살라고 하면 무언가 2% 부족한 느낌이 든다. 그럼 빠르게 변하는 산업 사회에서 아이들은 어떻게 일자리를 얻고, 먹고사는 길을 찾으란 말인가? 그렇기에 지혜독서가 어느 정도 되었다면 이제 아이의 꿈과 끼를 찾아가는 재능독서로 넘어가야 한다. 지혜독서 이후 재능독서만 하는 게 아니라 독서의 두 바퀴가 균형을 이루며 꾸준히 이어지는 것이 이상적이다.

재능독서는 아이가 좋아하는 분야의 책을 꾸준히 읽으며 자신의 재능을 찾아가는 독서이다. 아이의 재능을 파악할 수 있는 좋은 방법 중 한 가지는 앞에서도 언급했듯 아이만의 독서 리스트를 꾸준히 정리하는 것이다. 지금까지 이야기한 지혜독서와 재능독서를 결합한 독서 실천 사례를 아래와 같이 정리할 수 있다.

지혜독서	재능독서
한 주마다 《논어》 한 장씩 같이 읽고 토론하기	아이가 좋아하는 책을 계통에 따라 읽게 하기 《기차가 궁금해》 《기차의 발명》 《세상을 바꾼 동력 시리즈》 《칙칙 폭폭 물로 달리는 기차》

현실적으로 이런 독서 계획은 초등 5, 6학년까지 가능하고, 중·고등학교부터는 문제지 푸는 공부에 올인해야 한다. 하지만 중·고등학생이 되어서도 아직 왜 공부해야 하고, 무엇을 해야 하는지 모른다면, 계속 위와 같은 지혜독서와 재능독서의 두 축을 유지하며 자신이 무엇을 좋아하고 잘하는지 찾아가는 과정이 필요하다.

한 손에는 전기를, 한 손에는 전공책을 쥐어 준다

지금까지 말한 지혜독서와 재능독서를 한 번에 할 수 있는 좋은 방법이 있다. 바로 독서 교육에 위인전이나 전기를 활용하는 것이다. 자신이 좋아하고 닮고 싶은 인물의 위인전이나 전기를 읽으면 나는 왜 살고, 어떻게 살아야 할지에 대한 인문학적 통찰과, 자신의 전공이나 직업에서 구체적으로 무엇을 어떻게 공부할지에 대한 지식도 얻을 수 있다. 《큰 인물 독서법》, 《책 읽는 방법을 바꾸면 인생이 바뀐다》를 쓴 백금산 작가는 과학자가 되고자 하는 아이에게는 과학자의 전기를, 사업을 하고자 하는 아이에게는 사업가의 전기, 학자가 되고자 하는 아이에게는 학자의 전기를 선물하라고 한다. 지혜와 재능이라는 두 마리 토끼를 잡을 수 있는 좋은 방법이 전기와 위인전 독서에 있다. 특히 청소년기에 제일 중요한 교육 목표 중 하나는 아이가 롤 모델이나 멘토를 찾는 것이다. 좋은 롤 모델이나 멘토를 직접 만나면 제일 좋지만 상황이 여의치 않다면 책을 통해 만나게 해 준다.

개인적으로도 위인전과 전기는 필자가 어려운 가정 형편에서 기죽지 않고, 나름 열심히 공부할 수 있는 원동력이었다. 필자의 어린 시절 독서의 반 이상은 위인전과 전기였다. 세종대왕, 이순신 장군, 안중근 의사, 링컨, 앤드류 카네기, 그리고 탈무드에 나오는 여러 랍비들의 이야기를 읽으며 하나의 결론을 얻었다. 인류사에 기여하는 큰 사람이 되기 위해서는 반드시 고난과 역경, 때로는 음모와 배신을 겪고 일어서야 한다는 점이다. 위인들 중에는 태어나니 왕족이고, 재벌 아들인 사람은 드물었다. 대부분 어려운 형편에서 자라 고난을 딛고 일어선 사람이었다. 그렇기 때문에 필자는 어린 시절 집안 형편이 좋지 않은 것을 이상하게 생각하지 않았다. 살면서 여러 가지 어려움에 부딪힐 때도 불평과 원망보다 '아 올 것이 왔구나!'라는 생각이 들었다. 필자는 이것을 '고난의 예방 주사'라고 부른다. 이런 예방적인 의미뿐 아니라, 전기를 많이 읽으면 높은 수준의 실천을 하는 롤 모델이나 멘토의 삶에서 큰 도전을 받을 수 있다. 그 과정에서 현실의 어려움을 극복할 수 있는 힘과 용기를 얻는다. 이를 많은 독서 전문가들은 '거인의 어깨에 올라타기' 전략이라고 한다. 큰 인물을 닮고자 하는 마음으로 하루하루를 살다 보면 어느새 나도 그 사람과 닮은 삶을 자연스럽게 살게 된다.

독서는 무궁한 보화가 묻혀 있는 광산에서 소중한 보석을 찾아가는 과정이다. 하지만 잘못된 독서에 대한 생각과 획일적인 독서 지도로 많은 아이가 제대로 광산에 들어가 보지도 못하고, 책에서 얻을 수 있는 많은 유익을 누리지 못하는 안타까운 모습을 본다. 많은 부모들이 우리 아이에게 맞는 독서 방법을 찾아, 평생 책을 보며 인생을 풍성하게 사는 기회를 누리는 아이들이 많이 나오기를 기대한다.

⊕⊖⊗⊘ **바로 실천하기**

1. 우리 가정에서 지혜독서로 실천할 만한 고전이나 인문학 서적으로 어떤 것이 있을지 아이와 함께 의논한다.
2. 아이와 함께 지혜독서를 할 수 있는 시간과 장소를 떼어 놓는다.
3. 아이의 재능을 찾아가는 재능독서 목록을 꾸준히 기록한다.
4. 청소년기에 가까울수록 아이가 좋아하고 관심 있어 하는 인물에 대해 이야기해 보고, 그 사람에 대한 신문 기사를 모으거나 전기를 읽도록 격려한다.

심샘의 Tip.

지혜독서, 어떤 책으로 시작할까?

'어린이를 위한…' 이나 '청소년을 위한…'이라는 제목이 붙은 종교나 인문학 서적을 활용한다. 아이와 같이 서점에 가서 비슷한 류의 책을 찾아보고, 아이의 나이와 수준에 맞는 책을 고른다. 어른도 처음에는 아이와 같은 책을 보고, 시간을 내어 틈틈이 원전을 공부하며 이야깃거리를 준비한다.

1. 종교, 신앙 서적
《어린이 성경》이나 어린이 신앙 서적
《어린이 팔만대장경》과 같은 불교 신앙 예화를 모아 놓은 책

2. 유교 서적
《어린이를 위한 논어》,《명심보감》같은 어린이용 유교 경전 서적

3. 기타
《이야기 채근담》,《어린이 탈무드》같은 어린이용 인문학 서적

넷째 마당

문제지 푸는 공부를 넘어
행복한 인생을 위한 '진짜 공부'

01

결혼식장뿐 아니라
장례식장에도 아이를 데려간다

결혼식만 남은 현대의 통과 의례

우리 전통 사회나 동양 사회에서 관혼상제(冠婚喪祭)는 성인이 되면 경험하는 4가지 통과 의례였다. 관혼상제는 성인이 되어 갓을 쓰는 관례(冠禮), 결혼식을 올리는 혼례(婚禮), 장례를 치르는 상례(喪禮), 제사를 지내는 제례(祭禮)를 말한다. 전통 사회에서는 공동체 가운데 이런 의식이 자주 있었고, 아이들은 태어나고, 어른이 되고, 결혼하고, 죽고, 제사 지내는 모습을 보며 자랐다.

현대 산업 사회로 들어서면서 이런 통과 의례는 점차 사라져, 부모가 아이와 함께 경험할 수 있는 의식은 결혼식 하나로 수렴되는 상황이다.

성인식은 일찍이 없어졌고, 제사는 점점 사라져 가고, 그나마 있던 명절 때 차례와 성묘도 '해외여행'으로 대체되는 가정도 늘고 있다. 결혼식에서는 화려하게 차려 입은 신랑 신부와 하객들을 보고, 맛있는 음식을 먹으며 아이에게 신랑 신부 두 사람 인생의 하이라이트를 보여 주지만 교육적으로는 큰 의미가 없는 의식이다. 화려한 결혼식은 자칫 아이에게 결혼에 대한 환상과 결혼할 때 최소한 이 정도는 해야 한다는 허영심을 심어 줄 수 있다. 제일 좋은 옷을 입고, 화려하게 치장한 사람들을 보고, 나는 어떤 인생을 살아야 할까라는 깊은 생각을 할 수 있을까?

하지만 장례식장은 교육적으로 상당히 유의미한 공간이다. 분위기도 엄숙하고, 지켜야 할 예절도 많다. 고인이 어떤 분이었고, 우리는 앞으로의 삶을 어떻게 살아야 하는지에 대해 진지한 이야기도 나눌 수 있다. 그렇지만 죽음이 주는 부정적인 느낌과 기운 때문에 장례식장은 되도록 아이를 데리고 가려 하지 않는다.

그러면 왜 아이들이 어려서부터 이런 심각한 질문에 답하는 훈련을 해야 할까? 일시적인 성공과 성취를 넘어 더 큰 수준의 성취를 이루기 위해 반드시 답해야 하는 질문이 바로 "왜 하는가? 왜 사는가?"이기 때문이다. 우리 주변에는 어느 정도 성취를 이루고, 다음의 목표를 찾지 못해 방황하는 사람들이 많다. 어른들이 열심히 공부하라고 해서, 문제지 열심히 풀고 대학에 갔는데, 내가 왜 살고 어떻게 살아야 하는지 혼란스러운 학생들이 많다. 가난을 벗어나기 위해 열심히 노력해서 돈을 벌고 목표와 꿈을 이루고도 허무해 하는 사람도 있다. 그리고 어느 정도의 성공과 성취를 이루고도 잘못된 유혹에 무너지거나 그 이상의 수준을 넘지 못하는 많은 사람들이 있다. 결국 철학과 영성의 부재에서 이런 문제가 생긴다. 이런 의미에서 아이의 진정한 삶의 행복을 위해 반드시 갖춰야 할 공부 그릇은 바로 철학과 영성이다.

세상을 바꾼 10대 잭 안드라카

애플의 창업자 스티브 잡스를 죽음으로 이끈 췌장암은 진단이 어렵고 발견해도 치료가 힘든 질병으로 유명하다. 많은 과학자들이 췌장암을 조기 진단할 수 있는 키트를 개발하려 했지만 성과가 좋지 못했고, 만들어진 키트도 검사하는데 시간과 비용이 많이 들었다. 이렇게 오랜 시간이 걸리고, 진단 정확도도 떨어지고, 대당 800달러나 하던 췌장암 진단 키트를 3센트로 획기적으로 낮추고, 속도를 168배 향상시키고, 정확도도 100%에 가깝게 끌어올린 진단 키트가 나왔다. 놀랍게도 이 키트를 개발한 주인공은 15살 나이의 잭 안드라카(Jack Andraka)라는 소년이다.

의학이나 전문 과학 기술 지식이 없던 잭이 췌장암 진단 키트에 관심을 갖게 된 계기는 삼촌처럼 따르던 아버지의 친구, 테드의 췌장암으로 인한 죽음이었다. 잭에게 체스를 가르쳐 주고 재미있게 놀아 준 사랑하는 아저씨의 죽음은 잭으로 하여금 '도대체 췌장암은 어떤 병이기에 손도 쓰지 못하고 아저씨를 보내드릴 수밖에 없는가'라는 문제의식을 갖게 했다. 그래서 인터넷을 뒤지고, 책을 찾아보고, 선생님께 물어보면서 췌장암에 대해 연구했고, 4,000번의 실패를 통해 췌장암이나 난소암, 폐암에 걸렸을 때 '메소텔린'이라는 단백질이 증가함을 알아냈다. 이후 자기의 연구를 도와달라며 수십 개 대학에 메일을 보냈다. 마침내 아니르반 마이트라 존스홉킨스대 교수의 연구실에서 기회를 얻어 조기 진단 키트를 만들었다. 절친한 지인의 죽음이 삶의 이유를 찾고, 무엇을 해야 할지를 알려 준 계기가 된 것이다.

물론 어린 시절 부모나 주 양육자를 잃은 경험은 이후 적절한 상담과 보살핌을 받지 못하면 트라우마가 되어, 남은 생을 우울하게 살 수도 있다. 하지만 적절한 거리에 있던 가까운 사람의 죽음은 아이에게 삶에 대해 진지하게 생각해 보는 계기가 된다. 최근에는 반려동물의 죽음을 경험하고, 슬픔을 극복하며 좀 더 성숙하는 아이들의 사례도 보고되었다. 몇몇 청소년 캠프 프로그램에서는 관 체험이나 유언 미리 쓰기 등을 하며 죽음과 삶을 생각해 보는 기회를 갖기도 한다. 최근에 모 교육 기관에서는 영성 지수(Spiritual Quotient)라는 개념으로 중·고등학교에서 죽음에 대해 생각해 보고, 삶을 돌아보는 기회를 갖는 프로그램을 진행하고 있는데 아이들의 반응이 생각보다 진지하고 참여도도 높다고 한다.

가정에서 할 수 있는 기본적인 영성 교육

반려동물을 키우고, 청소년 캠프에 보내고, 심리 프로그램을 할 형편이나 여유가 안 된다면 기회가 되는 대로 아이와 함께 장례식에 가서 여러 가지 이야기를 나눠 본다.

"너는 묘비명에 뭐라고 적히길 원하니?"
"나중에 아빠가 죽으면 너는 어떻게 장례를 준비할 거니?"

'왜 그런 쓸데없는 이야기해서, 애 우울하게 만드냐?'라는 핀잔을 다른 사람에게 들을 수도 있지만, 자신의 묘비명을 미리 적어 보며 인생의 목표를 생각해 보라는 내용은 많은 자기 개발서의 첫 질문이기도 하다. 《성공하는 사람들의 7가지 습관》의 저자 스티븐 코비는 '끝에서 출발하라' (Begin with the end in mind)를 두 번째 성공습관(Habit 2)로 제시한다. 영어의 End는 끝이라는 뜻도 있고, 목표라는 뜻도 있다. 중의적인 의미로 인생의 목표는 마지막을 지향해야 함을 이야기한다. 이런 원리에 따라 스티븐 코비는 하루, 일 년의 목표를 분명히 하라고 말한다. 인생 전체에 있어서 사명선언서(Mission Statement) 같은 것을 쓰고 삶의 목표를 분명히 하라고 한다. 이런 세부 목표를 정하는 것도 의미가 있지만 모든 것을 하나의 질문으로 요약할 수 있다.

"죽어서 어떤 사람으로 기억되길 원하고, 묘비명에 뭐라고 적히길 원하는가?"

연말연시나 가족의 장례식 같은 일이 있을 때 이런 질문에 대한 답을 아이와 같이 나누는 것도 인생의 목표 설정뿐 아니라 아이의 영성 지수를 늘리는 좋은 방법이다.

국립묘지나 추념 시설 찾아가기

이와 더불어 필자는 국립묘지나 의미 있는 추념 공간도 아이와 자주 가길 권한다. 동작동 국립묘지도 좋고, 종묘도 의미가 있다. 기독교나 천주교 신앙이 있는 가정이라면 양화진과 절두산 성지도 추천한다. 양화진은 언더우드나 아펜젤러, 헐버트 등과 같이 우리나라의 선교와 독립을 위해 노력했던 서양 선교사들과 서양인들의 무덤이 있다. 절두산은 천주교 신앙을 지키다가 순교한 조상들의 자취가 남아 있는 곳이다.

광주 5.18 묘역까지 가는 것이 힘들다면, 남양주 마석의 민주열사 묘역도 추천한다. 전태일, 박종철, 김근태 등 우리나라 민주화를 위해 피 흘리고 목숨 받친 분들의 영령이 모셔져 있다. 제주도에 가는 가정은 유명 해수욕장이나 박물관, 성산일출봉과 섭지코지 등의 아름다운 경관도 둘러보고, 시간을 내어 4.3 평화공원도 꼭 들러 보길 권한다. 평화공원 안쪽으로 이름도 새기지 못한 수많은 검은 비석을 보는 순간 눈물이 왈칵 쏟아져 나올지도 모른다.

아직 아무것도 모르는 아이에게 죽음을 가르치는 것이 부담스러울 수 있다. 하지만 이런 진지한 대화 순간을 갖지 않으면, 아이와의 대화는 '뭐 먹을래?', '게임 좀 그만해', '넌 왜 애가 생각이 없니?'라는 수평적 대화의 악순환에 빠질 수밖에 없다.

유대인 가정의 기본적인 영성 교육

유대인 가정에서 아이의 영성 지수를 길러 주는 방법도 아이를 잔칫집에 데려가기보다 고난의 순간을 가르쳐 주는 것이다. 안식일이나 티샤 베아브(Tisha B' Av)라는 국치일에 나라의 멸망과 유대인 대학살(홀로코스트)의 이야기를 전하며 어떻게 살아야 할지에 대해 자연스럽게 부모의 생각을 나눈다.

성경에는 '지혜로운 사람의 마음은 초상집에 있지만, 우매한 사람의 마음은 혼인집에 있다(전도서 7장 4절)'는 말씀이 있다. 그 앞 절에는 "초상집에 가는 것이 잔칫집에 가는 것보다 낫다. 모든 사람의 끝이 이와 같기 때문이다. 살아 있는 사람은 이를 마음에 두라"(전도서 7장 2절)는 내용도 있다.

이런 맥락에서 탈무드에서 사람이 실천할 수 있는 최고의 선행 중 하나는 장례에 참석하는 것이라고 한다. 결혼식은 나중에 신랑 신부로부터 감사의 말이나 보답을 받을 수 있지만, 죽은 망자에게 더 이상 받을 것이 없음에도 그를 기억하고 애도하는 것이 더 숭고한 행위이기 때문이다.

그래서 유대 사회에서는 마을에서 사람이 죽으면 마을 전체가 나서서 장례를 치렀다. 또한 죽은 사람의 형편에 관계없이 같은 수의와 관을 사용해 모든 사람이 죽음 앞에 평등하다는 가치를 전하고자 했다.

물론 결혼식도 의미 있고 중요한 행사이다. 시간이 허락되면 결혼식도 장례식도 부지런히 다니는 것이 좋다. 하지만 아이가 평생을 좀 더 행복하고 지혜롭게 살기 원하는 부모라면 결혼식과 장례식 중 한 곳을 아이와 함께 가야 한다면 어떤 선택을 해야 할까?

⊕⊖⊗⊙ 바로 실천하기

1. 가족의 장례가 있으면 가능한 아이를 데리고 장례식을 간다.
2. 현충일이나 국가 기념일에 순국선열이나 애국지사를 기리는 묘역이나 추모 시설을 아이와 함께 간다.

02

초등 고학년이면 혼자 버스나
기차를 타 보게 한다

4학년짜리 아들, 혼자 여행 보내기

필자는 초등학교 4학년 때 경기도 의왕에서 여주에 계신 할머니 댁을 혼자 찾아가 본 경험이 있다. 여름 방학을 맞이해 아이를 할머니 댁에 보내고 싶은데, 농사일로 바쁜 아버지는 여주까지 데려다 줄 시간이 없었다. 아버지는 아들을 혼자 보내기로 결심하고, 편지지에 할머니댁에 가는 방법을 차례차례 자세히 적어 주셨다.

'걸어서 의왕역까지 가서, 의왕역에서 표를 사고, 1호선 전철을 타고 수원역으로 간다. 수원역 지하상가를 지나서 수원 시외버스 터미널로 간다. 거기서 여주까지 가는 직행버스를 타고, 여주에서 내린다. 여주에서 할머니가 계신 내양리까지 가는 버스는 몇 시 몇 시 차가 있다. 버스 대합실에서 기다린 후 몇 시 차를 타고 가라'라는 상세한 지령(?)이 적힌 종이 한 장을 들고 길을 나섰다. 그리고 각각 요금은 얼마인지 적어 주시고, 여주에 도착해서 큰 아버지께 드릴 돼지고기와 소주를 사기 위한 돈에 혹시 모를 예비비까지 챙겨 주셨다.

지금처럼 휴대전화가 있는 시절도 아니고, 길을 잃어버리면 공중전화로 전화하거나 경찰서에 가서 부모님을 기다려야 하는 때였다.

지금 생각해 보면 아버지가 어떤 용기로 아들을 혼자 보냈는지 모르겠지만, 필자는 4학년 여름 방학, 겨울 방학, 5학년 여름 방학 모두 혼자 할머니 댁을 찾아가는 미션을 잘 완수했다. 그리고 매번 집으로 무사히 돌아왔다.

물론 중간에 시행착오와 실수도 있었다. 한번은 직행버스를 타야 하는데, 표를 잘못 끊어서 완행버스를 탔다가, 여주에 늦게 도착해 막차를 타고 간신히 할머니 댁에 간 적도 있다. 한 번은 목이 말라 우유를 먹었다가 계속 배가 아파서 버스 안에서 마음을 졸이며 버티다가 휴게소에 들려 간신히 화장실에 간 적도 있다.

버스를 잘못 탄 실수를 한 이후엔 무언가 이상하면 반드시 어른에게 물어서, 재차 확인하는 법을 배웠다. 또한 위급하거나 혼자 해결하기 힘든 일이면 주저하지 말고 주위에 도움을 청해야 한다는 것도 알게 되었다.

혼자 여행 후 갖게 된 자신감

혼자 먼 길을 여행하고 나니 스스로 생각해도 부쩍 큰 느낌이었고, 세상이 그리 무섭게 느껴지지 않았다. 길 잃어버리고 헤매도, 정신 똑바로 차리고 도움을 청하면 어떻게든 해낼 거라는 용기도 생겼다. 이런 경험을 한 후 필자는 도시 생활을 하면서 좀 더 넓은 활동 반경을 가질 수 있었다. 엄마, 아빠가 나를 데려다 주지 않아도 내가 관심 있는 곳은 스스로 찾아갔다. 중학교 1학년 때 안양에 살면서 새벽 4시에 일어나 과천 도서관까지 공부하러 다녔고, 서울 사는 친구를 만나러 가기도 했다. 그런 경험을 통해 스스로 무언가를 하고, 문제를 해결해 나가는 법을 조금씩 배웠던 것 같다.

혼자 전철이나 버스를 타지 못하는 아이들?

일전에 아이 교육을 잘 시키고, 아이와 소통을 잘하는 지인과 서울에서 미팅을 했는데, 예정에도 없이 큰 아이를 데리고 왔기에 깜짝 놀랐다. 아이와 미술관에 갔다 왔는데 아이가 혼자 집을 찾아가지 못하고, 엄마가 데리러 올 수도 없어서 어쩔 수 없이 같이 왔다고 한다.

"아니, 아이가 지금 초등학교 5학년 아닌가요? 전철이나 버스 타고 혼자 집에 못 가요?"

"아, 그게 말예요. 보통 제가 차로 데리고 다니다 보니까, 아이가 아직 전철을 혼자 탈 줄 몰라서요⋯."

"오잉?"

필자는 잘못 들은 줄 알았다. 서울에 살면서 초등학교 4, 5학년이 될 때까지 전철을 한 번도 혼자 타 보지 않았다니! 뉴욕이나 보스톤 전철같이 위험하거나 복잡하지도 않고, 세계에서 제일 깨끗하고 안전한 우리나라 전철이 아니던가? 혹시 길을 잃어도 휴대전화도 있고, 모르면 물어보고 다시 찾아가면 되는 거 아닌가?

일상의 작은 탐험 기회를 왜 놓치나?

어릴 때 혼자 교통수단을 이용해, 처음 가는 길을 스스로 찾아가 보는 경험은 앞으로 아이의 '문제 해결 능력'이나 창의력을 기르는 데 큰 도움이 된다. 《인공지능과 미래 인문학》의 저자 고영훈 작가는 창의성의 뿌리는 '용기'라고 한다. 《탁월한 사유의 시선》의 저자이자 통섭 인문학을 표방한 건명원의 초대 원장 최진석 교수는 동양에는 없는 서양의 직업이 '탐험가'라고 한다. 가 보지 않은 길을 가고자 노력하고, 새로운 도전을 하는 용기가 있었기에 근대 이후 서양은 동양이 하지 못한 탁월한 생각을 할 수 있었던 것이다.

대치동에서 20년 동안 아이들을 가르치며 '아이들 라이딩(riding)'이라는 말을 들을 때마다 안타까운 적이 많았다. 아이를 차에 태워 이 학원 저 학원 데려다 줄 때, 아이는 뒷자리에서 무슨 생각을 할까? 이렇게 고생하는 부모에게 감사하고, 편한 만큼 더 독하게 공부해야지라고 생각할까?

먼 곳도 아니고, 애들 이동 시간을 아껴 준다고 개포동에서 대치동으로 '라이딩한다'는 엄마에게 이렇게 말했다.

"개포동에서 대치동까지 버스나 전철로 몇 정거장인데 아이 스스로 학원이나 학교를 다니게 하면 안 되나요? 많은 학습 이론에서도 흔들리는 버스나 전철에서 단어가 더 잘 외워진다고 해요. 버스나 전철 기다리며 이른바 '짜투리 시간'에 책 보고, 단어나 공식을 암기하면 집중도 더 잘 되고요. 오히려 편안한 유모차, 흔들림 없는 고급 승용차가 최악이에요. 뇌는 계속 흔들어 줘야 더 집중해요. 부모 시간 뺏고, 기름 값 들고, 아이 학습 효율도 떨어지는 라이딩을 왜 그렇게 열심히 하시는지 안타까울 때가 많아요. 애들은 버스나 전철 타고 걸어서 학교나 학원에 가고, 그 시간에 엄마 아빠는 쉬거나 자기 일도 하면서 여유를 갖는 게 좋지 않을까요? 그런 마음의 여유가 있어야 평소에 아이에게 짜증도 덜 내게 되고, 아이를 좀 더 기다려 줄 수 있는 힘이 생기니까요."

막상 이렇게 이야기하면서도 아이가 한 명인 가정에게 아이 혼자 다니게 해 보고, 탐험을 해 보라고 권하기가 쉽지 않다. 그래도 아이와 기질과 상황에 맞게 적절한 수준의 도전 방법을 찾을 필요가 있다. 언제까지 부모가 아이를 쫓아다니며 보호해 줄 수 없고, 아이는 스스로의 힘으로 이 세상을 살아가야 하기 때문이다.

⊕⊖⊗⊕ 바로 실천하기

1. 아이를 가능한 많이 걷게 하고, 학원이나 학교가 가까운 거리면 차로 태워 주는 일을 자제한다.
2. 초등 고학년이 되기까지 아이 스스로 버스나 전철을 타고 이동하는 기회를 가능한 많이 준다.
3. 초등 고학년 때부터 스스로 가 보고 싶은 곳을 찾아가는 훈련을 시킨다.
4. 아이가 하나여서 불안감이 크다면 친한 친구와 이런 탐험이나 도전을 할 수 있는 기회를 자주 준다.

03

일 년에 한두 번은
금식을 경험하게 한다

풍요의 역설

현대 산업 사회의 풍요의 역설을 말할 때 영미권에서 자주 인용되는 글이 밥 무어헤드(Bob Moorehead)의 《우리 시대의 역설》이라는 에세이다. 앞부분의 내용은 이렇다.

우리는 높은 빌딩을 가지고 있지만, 인격은 점점 낮아지고

고속도로는 넓어지는데, 우리의 시야는 좁아지고

소비를 많이 하지만, 가진 것이 없어지고

많은 것을 구매하지만, 즐거움은 줄어들고

집은 커지지만, 가족은 줄어들고

좀 더 편리해지지만, 정작 의미 있는 시간은 줄어들고

학위는 늘어나지만, 분별력은 떨어지고

지식은 늘어나지만, 판단력은 줄어들고

전문가는 늘어나지만, 문제는 더 많이 생기고

약은 늘어났지만 건강은 더 나빠졌다.

이 내용을 우리 교육에 적용해도 비슷한 표현이 가능하다.

교재와 교수 기법은 더 좋아지는데, 아이들의 학력은 떨어지고

깨끗한 물과 음식을 먹이는데, 아토피, 천식 등의 자가 면역 질환은 늘어나고

부족함 없이 키우는데, 아이들의 불평은 늘어나고

수학 선행은 그렇게 시키는데, 수포자는 더 늘어난다.

도대체 왜 이런 문제가 생기는 걸까? 한번은 《내려놓음》이라는 기독교 에세이를 쓴 이용규 교수에게 한 교인이 이런 질문을 했다고 한다.

"교수님, 저희가 어렸을 때에 비하면 지금은 너무나 좋은 시설과 환경에서 신앙생활 하는데 왜 많은 사람들이 교회를 떠나고 아이들에게 신앙 전수가 안 될까요?"

이용규 교수는 이렇게 답했다.

"편하고 풍족한데도 신앙생활을 못하는 것이 아니라, 편하고 풍족하기 때문에 신앙생활을 못하는 것이지요."

이용규 교수가 말하는 신앙의 원리가 공부나 삶에도 그대로 적용되는 것 같다. 모든 교재가 잘 갖춰지고, 에어컨이나 난방이 잘 되는 공간에서 공부가 잘 될 것 같은데, 실제는 그렇지 못하다. 공부나 정신적 활동은 무언가 물질적으로 부족할 때 더 잘 된다.

공부 그릇을 한 번에 기르는 가장 확실한 방법

아이의 몸, 마음, 머리의 공부 그릇을 한 번에 기르는 가장 좋은 방법을 말하라고 하면 필자는 '아이를 하루쯤 굶겨 보라'고 권하고 싶다. 굶긴다는 말이 가혹하게 느껴지면, 하루쯤 물만 먹고 금식하거나 단식한다고 표현하면 된다. 아이가 힘들어 하거나, 너무 어린 아이라면 한 끼쯤 금식하게 하거나, 요즘 다이어트 방법으로 주목받는 간헐적 단식(Intermittent fasting)으로 12시간 금식을 할 수 있다. 저녁 9시부터 다음 날 아침 9시까지 12시간 동안 몸을 공복 상태를 만드는 것이다. 금식은 우리 몸의 면역력과 대사 기능 향상에 큰 도움을 주는 것으로 알려져 있다. 우리 몸은 식후 8시간이 지나면 모티린(motilin)이라는 호르몬을 분비하는데 모티린은 위장의 노폐물을 빠져나가게 하고, 장의 숙변을 제거해 장내 유해균을 차단한다. 그래서 많은 의사들은 장에서 꼬르르 소리가 날 때까지 배를 비우는 것이 몸에 좋다고 한다.

그런데 우리 아이들은 어떠한가? 8시간은커녕 3-4시간 간격으로 밥과 간식을 쉬도 없이 먹는다. 자주 먹을 뿐 아니라, 먹는 음식도 문제다.

기름에 튀긴 음식 등에 들어 있는 나쁜 지방과 사탕, 빵, 과자, 탄산음료 안에 들어 있는 과도한 당도 문제이다. 교육부에서 2017년 발표한 학생 건강검사 표본 조사 결과를 보면 2008년 11.2%였던 청소년 비만율은 2017년 17.3%로 6.1% 높아졌다. 고도 비만율도 2.0%를 돌파했다. 전체적인 비만율도 문제지만 저소득층 자녀들의 비만율이 급속히 높아졌다는 건 더 큰 문제이다. 이는 미국과 같은 선진국에서도 있는 현상인데, 바쁜 부모들이 아이에게 돈만 쥐어 주고, 아이는 패스트푸드와 고열량의 식품으로 배를 채우는 안타까운 모습이 나타난다.

사람의 몸은 40일간 굶주림에 버틸 수 있지만, 40일간 폭식을 하면 견딜 수 없게 설계되었다고 한다. 지금의 과영양과 이로 인한 각종 생활 습관병(고혈압, 고지혈증, 당뇨 등)의 조기 발병 문제를 생각한다면, 아이의 건강을 위해서라도 단식이나 꼬르르 소리가 날 때까지 배를 비우는 습관을 기르게 할 필요가 있다.

정서적으로도 배고픔을 경험해 본 아이는 어려움을 극복하는 역경 극복 지수를 높이고 근성을 기를 수 있다. 이른바 '헝그리(hungry) 정신'이 생기는 것이다. 아프리카 몇몇 국가에서처럼 영양실조가 걸릴 만큼 영양 상태가 안 좋은 국가를 제외하고, 어린 시절 적당히 배고픔을 겪어 본 나라의 사람들은 인내력이 높고, 하기 싫은 일을 참고 하는 근성이 높다. 가장 대표적인 사례가 바로 우리나라의 산업화 세대이다. 대부분 보릿고개를 겪었고, 춘궁기에는 나무뿌리와 풀을 뜯어 먹으며 주린 배를 안고 살아야 했던 우리 부모 세대의 근성과 인내력은 세계 최고 수준이다. 이는 전 세계에서 유례없는 단기간의 경제 성장을 가능하게 했다.

배고픔은 일찍 철들고 성숙하게 한다

필리핀에서 선교사로 지내다가 20대 어린 필리핀 신부와 결혼한 미국인 케빈 샌더스(Kevin Sanders)는 신부가 너무 어려서 놀고 싶어 하거나 아이 기르고 가정 돌보는 것을 힘들어 하지 않냐는 질문에 이렇게 답했다.

"내 아내를 봐도 그렇고, 다른 필리핀이나 동남아 이주 여성을 보면, 어려운 나라에서 어린 시절을 보낸 사람들은 풍족한 선진국에서 어린 시절을 보낸 사람들에 비해 10살 정도 정신 연령이 높은 것 같다."

이는 오랫동안 필리핀 외국인 노동자를 도우며, 필리핀 시골 현지에 자주 가 본 필자의 관찰과도 일치한다. 부모가 제대로 먹이지도, 입히지도 못하고, 대학 보낼 형편도 안 되어 고등학교 졸업하고 도시에 나가 돈을 번 크리스티(가명)의 소원은 "내가 돈을 많이 벌어서, 엄마, 아빠 고생 덜하게 하고, 남은 동생들 학교 보내 공부시키고 싶다"는 것이었다.

이 이야기를 들으며 먹여 주고, 입혀 주고, 가르쳐 주고, 해 달라는 것다 해 줬는데, "엄마, 아빠가 나한테 해 준 게 뭐가 있냐!"고 소리치는 우리나라의 몇몇 청소년들이 떠올랐다.

물론 가난한 나라에 사는 모든 청소년들이 이런 근성을 가진 것은 아니다. 또한 우리나라나 선진국에 사는 청소년들이 모두 근성이 없고, 유약한 것도 아니다. 하지만 좀 더 이른 나이에 철이 들고 자기 삶을 책임

져야 한다는 성숙한 의식은 가난과 배고픔을 경험한 아이들이 훨씬 빨리 갖는 것만은 분명하다.

배고파 봐야 생각한다

배고픔은 두뇌를 자극해 생각을 많이 하게 한다. 배가 고프면 뇌는 우리 몸을 살리기 위해 풀가동 모드에 들어간다. 요즘 아이들은 생각이 없다는 말을 많이 한다. 생각 없이 말하고, 생각 없이 행동하고, 문제를 해결하려는 창의적인 시도를 하지 않는다. 많은 이유가 있겠지만 그중 하나는 결핍과 부족함이 없고, 너무 편해서 생각을 하지 않기 때문이다.

한번은 아빠와 함께 필리핀 시골에 '고생 교육'을 같이 간 한국 아이가 강에서 수영하고 돌아오는 길에 물안경을 손가락에 걸고 빙빙 돌리다가 골짜기 밑으로 떨어뜨렸다.

아이 아빠가 말했다.

"야, 아까부터 여기서 물안경 떨어뜨리면 위험하니까 돌리지 말라고 그랬지. 도대체 너는 왜 그러니? 좀 생각을 하고 행동해. 아빠가 몇 번을 이야기했어? 너는 왜 늘 그런 식으로 생각 없이 사니?"

이런 상황에서 필리핀 시골아이였으면 어떻게 했을까 생각해 봤다. 필리핀 시골에서 물안경은 상상할 수 없는 사치품이다. 우선 아이가 손에 걸고 빙빙 돌릴 리가 없다. 잘못해서 깨지거나 잃어버리면 다시는 물안경을 살 수 없기 때문이다. 없이 살다 보니, 가지고 있는 작은 것을 소중히 여기고, 잘 보관하려면 어떻게 해야 할지 생각한다. 이에 비해 우리 아이들은 "앗! 큰일 났다. 하지만 할 수 없지, 다음에 다시 사달라고 해야지…"라고 쉽게 생각한다. 부족함 없고, 불편함이 없으니, 고민이나 생각이 나올 리가 없다. 그래서 필자는 종종 우리의 어설픈 풍요가 아이를 망치는 경우가 많다는 말을 한다.

필자의 이야기를 듣고 결핍 교육, 감사 교육을 가정에서 실천한 좋은 사례도 있다. 필자가 말하는 교육 원리로 아이들을 키우는 경원이네는 결핍 교육을 실천하기 위해 냉장고를 꽉꽉 채우는 일을 멈췄다. 냉장고만 열면 언제나 먹을 게 풍성한 환경이 아이들 교육에 좋지 않다는 판단에서였다. 마트에 가서 대량으로 물건을 사는 일도 줄이고, 아이들 간식도 필요할 때 그때그때 사서 넣어 두었다. 이후 아이가 냉장고를 열어 보고 항상 먹을 게 있는 게 아니라는 걸 깨닫자, 먹다 남은 빵이나 과자를 어떻게 보관하고, 어떻게 해서 먹으면 더 맛있게 먹을 수 있는지 다양한 실험을 하는 게 아닌가! 우리 아이도 정말 그럴까 의심이 되는 가정이 있다면 이런 냉장고 비우기 실험을 비롯해, 한 끼 금식이나 하루 금식 등 필자가 제안하는 몇 가지 결핍 교육을 해 보기 바란다. 생각지도 못한 아이의 반응과 대응을 발견할 것이다.

음식의 금식을 넘어 정보 금식, 사람 금식

금식의 실천은 단순히 음식을 절제하는 것에만 그치지 않는다. 앞부분

《우리 시대의 역설》에서도 말했지만, 우리는 수많은 정보와 지식의 홍수 속에 살고 있다. 하지만 '홍수에 먹을 물 없다'고 풍요하고 넘치는데 정작 제대로 된 정보의 습득과 올바른 판단은 점점 힘들어진다.

필자는 많은 가정에게 가능한 토요일이나 일요일에는 스마트폰이나 인터넷 금식을 하라고 권한다. 아이와 주말에 시간을 보낼 때는 될 수 있으면 검색이나 인터넷 주문, 유튜브 시청을 하지 않는다. 그 모든 것은 주중에 하면 된다. 서로의 얼굴을 보고 이야기 나누는 시간을 가져야 한다. 그래야 아이의 머리를 '경박한 즐거움과 디지털 쓰레기'로 채우는 일을 하루쯤은 멈출 수 있다.

엄마들은 지나친 검색과 잦은 '커피숍 토크'를 줄일 필요가 있다. 많은 정보가 도움이 될 때보다 쓸데없는 비교 경쟁을 불러일으키고, 우리 가정과 아이에게 맞는 최적의 방법을 찾기보다 남들이 하는 대로 맹목적으로 따라갈 때가 더 많기 때문이다.

필자는 편입 학생들을 멘토링하며, 정보와 사람의 금식을 자주 권했다. 연애 문제로, 대학과 전공 선택의 진로 문제로 고민하는 학생에게 "정말 고민이 된다면 3일 정도 금식해 보고, 생각을 정리해 봐"라고 했다. 여기서 금식은 음식뿐 아니라, 정보나 검색, 사람에게 물어보는 것을 금하는 것이 포함된다. 조언을 듣고 실천한 대학생 제자들의 80-90%는 3일이 안 되어 해결책을 들고 왔다.

"교수님, 3일까지 금식할 필요가 없겠는데요. 하루 금식하니까 느낌이 확 오던데요. 제가 진짜 바라는 게 무엇이고 어떻게 해야 할지가 분명해졌어요."

풍요한 시대에 적절한 금식과 절제 연습하기

금식을 제안하면 "아니 요즘처럼 풍요로운 시대에 어떻게 금식을 하나요? 우리는 신앙도 없는데요?"라는 질문을 많이 한다. 이에 대한 답으로 필자는 다음과 같은 실천 방안을 제시한다.

먼저, 기독교나 천주교 신앙이 있는 가정은 부활절 고난주간이나 고난일에 금식을 한다. 부모가 먼저 모범을 보이고, 초등 고학년 이상의 아이는 자발적으로 참여하게 격려한다.

신앙이 없는 가정이라면 6월 6일 현충일이나 8월 29일 국치일(우리나라가 일제에 국권을 빼앗긴 날), 6월 25일 한국 전쟁 발발일 등 의미 있는 날에 금식을 한다. 또는 연말연시로 들떠 있는 12월 31일에 우리 가정은 금식하며 새해를 준비할 수도 있다.

마지막으로 집안에 안 좋은 일이 있거나 가족이 많이 아플 때 금식하며 고통에 같이 동참한다. 누가 돌아가시거나, 할아버지, 할머니가 큰 수술을 받을 때, 혹은 할아버지, 할머니 기일에 금식할 수도 있다.

어설픈 풍요 가운데 점점 유약해지는 아이로 키우지 않고, 어떤 환경에서도 잡초 같은 근성으로 살아남는 아이로 키우고 싶다면 우리 가정만의 금식과 절제의 전통을 세울 필요가 있다.

⊕⊖⊗☺ **바로 실천하기**

1. 아이와 함께 금식의 의미와 효과에 대해 나눠 보는 시간을 갖는다.
2. 아이와 함께 우리 가족만의 금식이나 절제의 전통을 세운다. 금식을 통해 아껴진 식비는 의미 있는 곳에 기부하거나 어떻게 사용할지 의논한다.

심샘의 실천

필리핀 시골에서의 '고생 교육'

2016년 중2병으로 고생하던 사촌 동생을 데리고 필리핀 시골 정글에 간 적이 있다. 이때 동생의 생각과 태도가 확 바뀌는 것을 보고, 다음 해부터 매년 뜻을 같이 하는 3-4가정과 함께 필리핀 오지에 방문한다. 이곳은 마닐라에서 5-6시간 이상 차를 타고 들어가야 하는 시골로 전기도 잘 안 들어오고 당연히 인터넷도 안 된다. 일주일간 필리핀 정글 생활을 마치고 사촌 동생이 나누는 소감을 들으며 필자는 깜짝 놀랐다.

"형, 저는 여기서 '생각'이라는 것을 해 봤어요. 한국에 있을 때는 그런 생각을 제대로 한 적이 없는 것 같아요. 매일 게임하고, 유튜브 보고, 음악 듣고 한 순간도 심심하지 않게 지냈던 것 같은데, 정작 머릿속은 계속 복잡하고 정리가 안 됐어요. 그런데 여기는 삶은 불편하지만 이상하게 마음은 편해요. 저녁에 자려고 누워서 물소리, 벌레 우는 소리, 바람 소리를 들으니 여러 가지 생각이 머릿속에 떠올랐어요. '나는 앞으로 어떻게 살아야 할까?', '한국에 돌아가서 뭐 할까?' 이런 생각이요….''

이야기를 들으며, 필자는 지금 우리 아이들이 어떤 환경 속에서 살고 있는지 눈앞에 그려졌다. 그리고 두 단어가 머릿속에 떠올랐다. '디지털 쓰레기'와 '경박한 즐거움'이 우리 아이들 머릿속에 가득하구나. 이런 오염된 환경 속에서 생각이 없는 아이들이 되어 가고 있구나.

이후에 뜻을 같이 하는 가정과 필리핀 보홀 섬에서 일주일 정도 공동생활을 하며 이 책에서 말하는 공부 그릇 만들기를 실천해 보았는데, 그 느낌은 필리핀 정글과 같지 않았다. 문명의 이기를 최소화하고 인터넷이 안 되는 곳에서야 제대로 된 '디톡스 교육'을 할 수 있다는 확신이 들었다.

방학이 아닌 4월과 11월에 가는데도 불구하고 신청자가 많아서 지금은 역사 하브루타 정기 모임에 오는 가족에게만 3-4개월 전에 공지하고 있다. 필자 외에도 해외 봉사 활동 같은 프로그램으로 고생 교육 기회를 제공하는 곳이 많이 있으니 알아보거나, 각 가정에서 특별한 여행을 계획해 이런 기회를 만들어 보는 것도 좋은 방법이다.

세탁기가 없어 아빠가
직접 빨래를 해야 했다(백용학 소장 가정)

한번은 폭우로 나무다리가 떠내려가서
강물이 잦아든 이후 아이들을 업어서 강을 건넜다

04

이유 없이 아이에게
돈을 주지 않는다

실물 경제를 모르는 헛똑똑이들

명문 외고를 졸업하고 서울대 어문계열 학과에 입학한 후배가 있다. 사회생활을 하며, 문과 쪽 진로의 한계를 느끼던 차에 건강에 대한 관심이 생겨 다시 수능을 봐서 의대에 들어갔다. 보통은 의학전문대학원을 진학하는 경우가 많은데, 이 친구는 다시 이과 수학과 과학을 공부해서 의대에 가는 정공법을 택했다. 그는 수능을 통한 입시에서 문, 이과를 넘나드는 '공부의 신'이라고 불릴 만했다. 대학 졸업 후 대학병원에서 몇 년 근무한 후 지방 도시에 개업했다. 지방 강의 가는 길에 만나서 이야기를 나누니 그동안 마음고생이 많았다고 한다.

"선배님, 제가 개업하면서 두 번이나 사기를 당했지 뭐에요."

"무슨 사기?"

"한 번은 이 건물 계약할 때고, 또 한 번은 병원 인테리어 할 때요. 병원 자리 구하려고 몇 군데 알아볼 때, 이 건물 분양 업자를 만났어요. '앞으로 이 건물에 병원이 많이 들어올 예정이다. 지금 이 가격은 파격적이다. 월세로 들어오기보다 분양을 받으면 나중에 시세 차익도 거둘 수 있다'고 유창한 언변으로 말하더라고요. 마음에 걸리는 점이 몇 가지 있었지만, 집도 가깝고 해서 덜컥 계약했어요. 그런데 나중에 보니 들어온다는 병원은 하나도 안 들어오고, 파격적인 가격은커녕 이 일대 공실이 많아, 1-2년 월세를 안 받고 임대해 주는 렌트프리도 많더라고요. 내가 부동산 지식이 없어서 이런 실수를 했구나 생각했는데, 병원 인테리어 할 때 또 한 번 실수했죠. 처음 견적 낼 때와 달리 계속 비용이 늘어나는데, 개업일이 촉박해 제대로 따져 보지 못하고 훨씬 많은 비용을 주고 공사를 했어요. 이후 하자 있는 부분도 제대로 조치받지 못하고요. 이렇게 두 번 당하고 나니, '이 사람들이 나를 호구로 보나'라는 생각이 들더라고요."

이 친구뿐 아니라 공부는 전국 최상위권인데, 세상 물정은 잘 모르고 경제관념이 부족한 우등생들이 상당히 많다. 이런 경우는 비단 사업하는 우등생에만 해당되지 않는다. 전문직에 종사하고 고소득이면서도 자산을 증식하지 못하거나, 빚을 지고 사는 '공부의 신'들도 많다. 모두 그런 것은 아니지만 고소득 전문직 종사자 중에 강남에 비싼 월세나 전세를 살고, 고급차를 타고, 아이들 사교육비에 엄청난 비용을 쓰고, 입시 결과가 좋지 않으면 미국으로 아이를 유학 보내며 한 달에 100만 원도 저축하지 못하는 사람들도 있다.

경제 문맹을 기르는 우리 교육

왜 이런 현상이 생기는 걸까? 학교 커리큘럼에 사회와 경제라는 과목이 있지만, 여기서 가르쳐 주는 경제는 수요와 공급, GNP, GDP 등 주로 국가와 사회 차원의 경제 이야기이다. 개인이 자본주의 사회에서 어떻게 경제생활을 해야 하는지는 가르쳐 주지 않는다.

현재 우리나라 교육 체제에서 경제 교육의 문제점은 크게 세 가지다.

첫째, 위에서 말한 대로 자본주의 사회에서 기본적인 삶인 소비와 저축, 돈과 자본에 대한 실제적인 지식을 아이들에게 가르쳐 주지 않는다.

둘째, 자본주의 사회에서 근검절약해 자본을 모으고 투자자나 사업가 마인드를 갖고 살아가는 교육을 해야 하는데, 학교에서는 오로지 국·영·수 문제 잘 풀고, 시험 잘 봐서 대기업 노동자가 되는 교육만 한다. 그러면서도 대부분 노동자가 될 아이들에게 노동의 의미나 노동 인권에 대해서는 거의 가르쳐 주지 않는다.

셋째, 정당하게 돈을 벌고 쓰는 경제 윤리 교육의 부재는 돈에 대한 왜곡된 생각이나 물질 만능주의를 주입한다. 흥사단 투명사회운동본부에서 발표한 '2015년 청소년 정직지수 조사 결과'를 보면 '10억이 생긴다면 죄 짓고 감옥에 갈 수 있다'고 응답한 고등학생이 56%, 중학생이

39%, 초등학생이 17%였다.(전국 1만 1,000명을 대상으로 설문 조사, 유효 응답자 초등학생 1,427명, 중학생 2,045명, 고등학생 1,348명) 그리고 '이웃의 어려움에 관계없이 나만 잘 살면 된다'라고 대답한 학생이 고등학생 45%, 중학생 30%, 초등학생 19%였다.

대부분의 사회 초년생들은 어떻게 저축하고, 내 집 마련과 자본을 모으고 증식하기 위해서는 어떻게 해야 하는지, 또 어떻게 정당하게 돈을 벌고 써야 하는지 무지한 채로 사회에 나온다. 결국 금융 문맹, 실물 경제 문맹이 넘치게 된다.

진정한 부자들의 자식 교육

토마스 스탠리의《백만장자 불변의 법칙》에서는 진정한 부자는 수입이 많은 사람이 아니라, 수입에서 소비를 빼고 남은 자산이 많은 사람이라고 말한다. 미국이나 우리나라나 수입이 많은 사람은 좋은 차와 명품을 사고, 버는 만큼 많이 소비할 가능성이 크다. 그렇지만 자수성가 부자들은 소득이 고소득자만큼 많지 않더라도 검소하게 살면서 꾸준히 자기 자산을 늘려 간다. 토마스 스탠리는 이런 '이웃집 백만장자'의 특징을 7가지로 정리했다.

첫째, 그들은 자신의 부에 비해 훨씬 검소하게 산다.

둘째, 그들은 부의 축적에 도움이 되도록 시간과 에너지와 돈을 효율적으로 할당한다.

셋째, 상류층이라는 사회적 지위의 과시보다 재정적 독립을 중시한다.

넷째, 부모는 성인 자녀에게 경제적 보조를 제공하지 않는다.

다섯째, 성인 자녀들은 경제면에서 자립적이다.

여섯째, 돈을 버는 기회를 잡는 데 능숙하다.

일곱째, 적절한 직업을 선택했다.

한 마디로 요약하면 부자들은 자녀에게 본을 보이며 스스로 경제적 자립을 이루기 위해 노력하고, 자녀들도 스스로 경제적 자립을 이룰 수 있도록 돕는다. 학교에서 자본주의 실물 경제 교육이 안 되는 것은 미국이나 우리나라나 마찬가지이지만, 미국이나 선진국 사회에서는 아이들의 경제적 자립에 좀 더 많은 관심을 갖고 있는 듯하다.

필자는 이전부터 자녀 교육의 목표를 20대 명문대 합격이 아닌 '30, 40대 경제적 자유를 이루고, 본인이 좋아하는 일을 하며 살 수 있는 삶'으로 잡으면 다양한 진로나 교육적 선택이 가능하다고 말했다. 입시에서 성공하는 아이들은 10-20%이지만, 자기만의 방법으로 경제적 독립을 이루는 길을 찾는 것은 훨씬 많은 아이들이 도전할 수 있다. 소득이 많은 사람은 많은 대로, 그렇지 못한 사람은 소비를 줄이고, 자산을 늘려 나가는 자기만의 방법을 찾아야 한다.

아이들이 학교에 다니는 시간은 초·중·고 12년, 대학 4년, 평균적으로 16년이다. 하지만 아이들이 학교를 나와 사회라는 더 큰 무대에서 살아갈 시간은 수십 년이다. 돈에 대한 올바른 개념과 태도로, 자본주의 사회에서 현명하게 살아가는 방법을 가르쳐 준다면 학교를 넘어 사회에서 더 행복하게 사는 길을 안내할 수 있다. 그렇기에 '돈 공부'는 '문제지 푸는 공부'보다 더 중요하고, 돈과 경제생활에 대한 지식을 아이에게 전해 주는 방법을 부모가 찾아야 한다.

돈의 결핍을 경험해 생각할 기회를 준다

그러면 중요한 경제 교육을 가정에서 어떻게 해야 할까? 어떤 사람들은 용돈을 주고 가계부를 쓰게 하고, 어릴 때부터 주식 투자를 시켜 보라고도 한다. 필자는 크게 세 가지 실천 방안을 제시한다.

첫째, 아이에게 이유 없이 돈을 주지 않는다.

둘째, 될 수 있으면 돈을 유산으로 물려주지 않는다.

셋째, 돈과 부에 대한 올바른 마인드를 갖게 한다.

우선 아이에게 이유 없이 돈을 주지 않는다는 가정의 원칙을 세운다. 동양이나 서양이나, 옛날이나 지금이나, 자식의 삶을 망치는 가장 좋은 방법 중 하나는 많은 재산을 물려주는 것이다. 땀 흘려 대가를 치르지 않고 얻은 돈은 인생을 풍요롭게 하기보다 오히려 많은 문제를 일으킨다. 현명한 부자들은 아이에게 돈을 물려주지 않거나, 물려주더라도 돈을 다루는 힘과 능력을 먼저 기르게 한다. 여러 관점의 이야기를 할 수 있지만 여기서는 실제적인 가정에서의 사례를 통해 생각해 보자.

아이가 공부를 위해 또는 유튜브 크리에이터가 되겠다고 컴퓨터와 스마트폰을 사달라고 한다. 그럼 바로 사 주기보다 이렇게 말한다.

"우리 OO가 컴퓨터가 필요하구나. 그럼 네가 한번 컴퓨터를 사 보렴."

"무슨 말씀이에요. 제가 돈이 어디 있어요?"

"컴퓨터가 얼마 정도 하니?"

"비싸면 비쌀수록 좋지만, 그래도 쓸 만한 것을 사려면 100만 원 이상은 있어야 해요."

"그럼 어떻게 해야 100만 원을 모을 수 있을까?"

"우선 제가 한 달에 용돈을 5만 원씩 받으니까, 용돈을 하나도 쓰지 않고 20개월을 모으면 살 수 있어요. 그런데 20개월이면 거의 2년인데, 그러면 그동안 숙제나 유튜브 제작은 어떻게 해요?"

"그럼 용돈 말고, 다른 방법은 없니?"

"제가 아직 어려서 아르바이트를 할 수 없는데 어떻게 돈을 구하겠어요?"

"아르바이트 말고 다른 방법은 없을까?"

"아, 용돈을 올려 주세요. 아니면, 제가 집안일을 도울 테니 그때마다 용돈을 주시면 어때요? 예를 들어 방 청소하면 천 원, 분리수거하면 2천 원 이렇게요."

"그래, 그것도 좋은 방법이다. 사실 100만 원을 혼자 다 모으는 것은 쉽지 않으니 네가 그렇게 해서 50만 원을 모으면 나머지 50만 원은 엄마, 아빠가 보태 줄게. 그러면 좀 더 빨리 살 수 있겠지."

"네, 알겠어요. 그리고 비슷한 사양인데 더 싼 제품이 있는지, 혹시 같은 제품을 중고로 살 수 있는지도 알아봐야겠어요."

간단한 대화 사례에서 알 수 있듯이, 무언가 부족하면 사람은 생각을 하게 된다. 사 달라는 것 다 사 주고, 해 달라는 것 다 해 주면, 아이들은 더 이상 생각하지 않는다. 오히려 돈을 바로 주지 않고, 적절한 경제적 결핍을 경험하게 하면 아이들은 생각할 기회를 갖는다. 또 원하는 것을 얻기 위해 어떻게 자기주장을 정리하고, 부모를 설득할지도 생각하게 된다. 이렇게 힘들게 산 컴퓨터를 아이는 어떻게 관리할까? 예나 지금이나 풍족하게 자란 아이들은 물건을 자주 잃어버린다. 잃어버리면 또 사 주고, 고장 나면 바로 사 주니 물건을 소중히 여기지 않는다.

프랑스의 대표적인 사상가 루소는 《에밀》에서 "자식을 불행하게 하는 가장 확실한 방법은 언제나 무엇이든 손에 넣을 수 있도록 해 주는 일이다."라고 했다. 요즘 아이들은 부모 세대에 비해 물질적으로 풍요로운 시대에 살고 있음에도 만족이나 행복감은 더 낮다. 많은 이유가 있겠지만, 그 중요한 원인을 루소의 말에서 찾을 수 있지 않을까?

학원비나 학비도 바로 주지 않는다

물건뿐 아니라 학원비나 학비를 줄 때도 같은 원리를 적용할 수 있다. 학원에서 가르치다 보면, 공부하려고 학원을 다니는 게 아니라 학원 전기세와 선생님들 월급 주러 다니는 게 아닌가 싶은 아이들을 본다. 영혼 없는 표정으로 수업 시간에 앉아 있고, 수업 끝나면 책상 위로 엎어지기 일쑤이다. 이런 아이들은 대부분 부모가 준 카드로 학원비를 결제한다. 한 달에 수십 만 원, 입시 막바지에 여러 특강을 합쳐 거의 100만 원이 넘는 금액을 결제하면서도 이게 어느 정도의 금액인지, 부모가 어떻게 고생해서 번 돈인지 감사하는 마음이 없는 듯하다.

아이가 초등학교 이상 되었을 때, "엄마, 나 영어 학원 보내 줘, 수학 학원, 태권도 학원, 코딩 학원 보내줘"라고 말하면 바로 등록시키고 학원비를 주기보다 아래와 같이 해 보면 어떨까?

먼저 비싼 학원에 보내기보다, 지역에 있는 공공기관이나 백화점 문화센터 프로그램에 보내 본다. 이후 아이가 정말 그 공부나 활동을 흥미 있어 하면 학원을 보내는데 이렇게 대화를 나눠 본다.

"엄마, 아빠가 지켜보니 OO가 정말 OO를 배우고 싶어 하는구나. 그래서 네가 말한 대로 학원에 보내 주려고 하는데, 학원에 가려면 한 달에 몇 십만 원 이상의 학원비를 내야 해. 그럼 학원비는 어떻게 마련하지? 정 다니고 싶으면 네가 벌어서 다니는 것은 어떨까?"

그러면서 위에서 물건을 살 때와 마찬가지로 아이가 학원비를 마련할 방법을 같이 생각한다. '아니 애가 기특하게 뭐라도 배우고 싶다는데, 그렇게 치사하게 할 필요가 있을까?'라고 생각할 수도 있다. 하지만 앞에서 말한 대로 아이가 최소한 학원비의 반이나 1/3은 자기 용돈이나 집안일을 해서 힘들게 벌어 학원비를 마련하면 아이는 어떤 마음으로 학원을 다닐까? 그렇게 학원을 다니는 아이가 학원에서 졸거나 학원 가기 싫다는 이야기를 쉽게 할 수 있을까? 고3이 되어 논술 학원을 다닐 때도 이렇게 엄격하게 50%는 자기가 벌어서 학원을 다닌다면 아이는 어떤 마음으로 공부할까?

학원에서 영어 에세이 첨삭 지도를 할 때, 부모님은 중국에 계시고 아이 혼자 서울에서 자취하며 입시 준비하는 아이가 있었다. 하루는 아이가 쉬는 시간에 교무실에 찾아와 조심스럽게 말했다.

"선생님 사실, 지금 저희 아빠 사업이 그리 좋지 않은 상황이라 집안이 경제적으로 좀 어렵고, 저만 혼자 나와 있는데요. 이런 상황에서 제가 학원 다니고 에세이 첨삭까지 받는 게 부모님께 큰 부담이 될 것 같아요. 우선 첨삭 지도비는 엄마가 4번 하는 비용을 보내 주셨는데, 앞으로 더 받기는 힘들 것 같아요. 죄송하지만 제가 4번 받는 게 맞지만, 전에 주신 기출 문제로 하나씩만 더 써 볼 수 있을까요? 전체 첨삭은 아니더라도 짧게 코멘트만 해 주시고, 어떤 점을 고쳐야 하는지만 말씀해 주시면 정말 감사하겠어요."

부모님의 어려운 형편을 생각하는 이런 사려 깊은 아이가 주어진 상황에서 방법을 찾아 열심히 하려고 하는데, 학교나 학원 선생님 가운데 냉정하게 "안 된다."라고 말하는 사람이 얼마나 있을까? 필자도 이렇게 말했다.

"그래, 그 마음이 너무 기특하구나. 그런데 지금은 입시 막바지라 선생님도 너무 바빠서 자세히 봐 주기는 힘들 것 같고 최대한 훑어보고 전체 코멘트 해 줄게. 그리고 이전에 선배들 가운데 합격생들이 쓴 샘플 에세이도 더 줄 테니 검토해 보고 좋은 표현은 외워서 써 보렴."

물론 이렇게 학원비의 일부를 자기가 벌어서 내거나 대학에서 아르바이트를 하며 다닌 아이들이 전부 입시에서 성과를 내고, 학점이 좋은 것은 아니다. 돈 걱정 없이 공부에만 집중한 아이들이 더 공부를 잘하고 입시 성과도 좋을 수 있다. 하지만 문제지 푸는 공부와 입시를 넘어 사회생활을 할 때는 다른 결과가 나온다. 편하게 공부하고, 편하게 돈 쓰는 법을 배운 아이보다 어려운 형편 가운데 돈의 소중함을 알고, 실물 경제에 대한 감이 있는 아이가 그렇지 못한 아이보다 경제적 자립을 훨씬 빨리 이룰 가능성이 높다.

⊕⊖⊗⊘ **바로 실천하기**

1. 아이가 물건을 사달라고 할 때, 필수적인 것 외에는 왜 사야 하는지 물어본다. 바로 사 주기보다 뜸들이고, 비싼 물건일수록 아이가 비용의 일부를 감당하게 한다.
2. 학원비를 주거나 학비를 지원할 때도, 언제, 얼마까지 지원할지 명확히 하고, 아이 스스로 교육의 목표와 비용 계획을 세우도록 돕는다.
3. 워렌 버핏이나 유일한 박사와 같이 존경받는 투자자나 사업가의 전기를 함께 읽으며 자연스럽게 돈과 경제생활에 대한 이야기를 나눈다. 보도 섀퍼의 《열두 살에 부자가 된 키라》와 같은 경제 교육서도 추천한다.

05

돈과 부에 대한
올바른 마인드를 물려준다

아이에게 이유 없이 재산을 물려주지 않는다

부모님이 물려준 재산 없이 열심히 회사 생활해서 종자돈을 모아 신도시 택지 지구에 원룸을 짓고, 자기는 주인 세대에 살면서 상가와 원룸에서 월세를 받으며 경제적 자유를 이룬 지인이 있다. 한 번은 7살 아들에게 '사고 싶은 것 있어도 충동적으로 사지 말고, 꼭 필요한지 다시 생각해 보고, 돈을 아껴 쓰는 습관을 들어야 한다'고 말하니 아들이 이렇게 말했다고 한다.

"근데 아빠, 나는 돈을 많이 벌지 않아도 되잖아!"

"아니 왜? 네가 나중에 돈 걱정하지 않고 살려면 열심히 일해서 땀 흘려 돈을 벌고, 이후에 자산을 늘리는 연습을 해야 한다고 했잖아."

"아! 나는 아빠 집이 있잖아. 아빠 죽으면 이 집 나한테 줄 거잖아."

"그래? 누가 그래? 아냐, 아빠는 이 집 너한테 안 줄 거야. 엄마, 아빠 죽으면 이 집 팔아서 어린이 재단에 기부하려고 하는데…."

"어, 그럼 나는 어떡해?"

"너는 네가 벌어서 집도 사고, 일해서 먹고살아야지."

이런 이야기를 나누며 지인은 어린 아이가 벌써 부모 재산을 물려받을 생각을 한다는 것에 깜짝 놀랐다고 한다. 혹시 일상생활에서 은연중에 우리는 부자고, 너는 앞으로 일을 열심히 안 해도 된다는 생각을 아이에게 심어 준 게 아닌가 점검해 보았다고 한다.

스스로 자수성가하도록 격려하는 성숙한 가정들

자수성가의 롤 모델이자 투자계의 전설로 불리는 워렌 버핏은 초등학교 때부터 껌이나 콜라병을 팔아서 돈을 모으고, 고등학교 때는 신문 배달로 돈을 모아 오락기계를 사서 장사를 했다. 또한 할아버지 채소 가게에서 일하며 7살 때 《1,000불을 만드는 천 가지 방법》(One Thousand Ways to Make $1000)이라는 책을 읽었다고 한다. 버핏의 아버지는 정치인이자, 증권거래 사업을 했지만 아들에게 직접 돈을 주거나 많은 재산을 물려주지 않았다.

서양의 건전한 부자들은 이런 마인드가 일반적이다. 자식에게 돈이나 재산을 물려주는 것은 자식을 잘 되게 하는 게 아니라 망치는 지름길임을 알았다. 하지만 우리나라나 동양적인 정서는 아이가 고생하지 않고, 좀 더 나은 조건에서 사회생활을 하거나 부를 이뤘으면 하는 경향이 강하다. 한편으로 부모가 재산이 있는데도 아이를 경제적으로 도와주지 않거나 재산을 물려주지 않으면 야박하다고 생각한다. 그럼 어떻게 이 문제를 지혜롭게 해결할 수 있을까?

자수성가로 사업해서 큰 부를 이룬 지인은 한 가지 묘안을 생각해 냈다. 이미 수백억의 재산이 있는 자산가지만, 기회가 있을 때마다 이 재산을 아이에게 거저 줄게 아님을 분명히 말했다.

"전에도 이야기했지만, 아빠는 재산을 너에게 그냥 다 주지는 않을 거야. 아빠는 이렇게 하려고 해. 예를 들어 네가 학교를 마치고 사회생활을 해서 네 힘으로 천만 원을 벌면, 아빠는 죽을 때 너에게 천만 원만 더 주라고 유언장에 쓸 거야. 만약에 네 힘으로 1억을 벌면 1억을 유산으로 물려주고, 10억을 벌면 10억을 주려고 해. 돈은 관리할 수 있는 힘이 있는 사람에게는 유용한 도구지만, 돈을 관리할 능력이 안 되는 사람에게는 오히려 재앙이라고 생각해. 그러니 네가 아빠 돈을 많이 물려받고 싶으면, 네가 돈을 벌고 관리할 수 있는 역량을 기르렴."

이런 이야기를 하면, 우리 집은 물려줄 재산이나 집은커녕 부부 노후 대비할 돈도 없다며 나와 상관없는 이야기라고 생각할지도 모른다. 하지만 어려서부터 돈이나 재산, 상속에 대한 우리 집안의 기준과 전통을 만들고, 아이와 틈나는 대로 나눈다면, 아이는 앞으로 어떻게 살아가고, 어떻게 경제생활을 해야 할지에 대해 자연스럽게 생각할 수 있는 기회를 갖게 된다.

돈과 부에 대해 올바른 마인드를 갖게 한다

재테크의 바이블이라고 불리는 로버트 기요사키의《부자 아빠 가난한 아빠》는 부모가 가진 돈이나 부에 대한 인식이 어떻게 자식 세대로 전수되고 영향을 미치는지 잘 보여 준다. 평생 월급만으로 성실하게 살아야 한다고 생각하는 교육자 출신의 '가난한 아빠'와 부의 마인드를 가지고 경제적 자유를 이루고 사는 이웃집 '부자 아빠'의 삶을 보고, 기요사키는 자신은 더 이상 가난한 아빠의 삶을 이어 가지 않기로 결심한다.

여기에 상당한 시사점이 있다. 모든 아빠가 부자 아빠일 수는 없지만, 최소한 돈과 부에 대해 올바른 마인드를 가진 사람을 자녀에게 소개할 수는 있다. 많은 재테크 서적에서 말하는 대로, 가난한 사람 주변에는 진짜 부자가 없다. 그들이 생각하는 부자란 TV나 영화에서 명품으로 치장하고, 가난한 사람들을 무시하고, 돈이면 다 된다고 생각하는 왜곡된 부자의 모습이다. 돈은 있지만 검소하게 살고, 결국 다른 사람들이 나를 위해 돈을 벌어 주어야 내가 경제적 자유를 얻을 수 있다는 사실을 아는 사람은 사람을 소중히 여기고, 돈으로 많은 사람을 섬기려고 한다. 그들이 진짜 부자인데, 평범한 많은 사람들이 이런 '진짜 부자'를 자주 볼 수 없는 게 문제이다.

최근 대기업에 다니다 부동산 관련 벤처 기업을 공동 창업한 30대 후반의 사업가를 만난 적이 있다. 열심히 노력한 끝에 짧은 시간 내에 상당한 부를 이룬 그는 아내, 아들과 세 가족이 분당에 살고 있다. 자녀 교육에 관심이 많아 분당으로 이사 갔나 싶어 어디에 사는지 물었다. 학군으로 유명한 수내동에 살 줄 알았는데, 실제 그는 학군은 약간 떨어지지만 교통이나 자연환경이 좋은 A 아파트에 살았다.

"보통 제가 분당 학군 상담할 때, 분당 대부분의 지역이 무난하니까 형편에 맞게 이주하라고 권해도 결국은 무리해서 수내동이나 서현동으로 가던데, 왜 그런 결정을 하셨어요?"라고 물었다.

"제가 부동산을 공부하며 수내동이나 서현동에 투자해 집을 몇 번 거래하고 분위기를 보니까, 이 지역에 주로 거주하는 분들은 강남권으로 출퇴근하는 회사원이나 공무원이 많은 것 같더라고요. 그런데 저는 그런 분위기가 좀 마음에 걸렸어요. 아이들 아빠나 엄마 직업이 회사원이나 공무원이면 아이 시야가 너무 좁아질 것 같아서요. 저도 대기업에서 일해 봤지만, 앞으로 대기업이나 큰 조직의 일자리는 점점 줄어들 수밖에 없을 텐데, 이렇게 공부해서 시키는 일만 잘해서는 우리 아이 미래가 제대로 대비될 수 없겠다는 생각이 들었어요. 그런데 A 아파트는 구성원이 다양해요. 전문직 종사자나 회사원도 있지만, 사업하는 사람들도 많아요. 이 아파트 출신 아이들이 배정받는 B 초등학교나 C 중학교에도 다양한 직업의 학부모들이 있는 것 같아요. 저는 우리 아이가 비슷한 형편의 친구들과 사귀더라도 세상에 대한 다양한 안목을 가질 수 있는 환경에 노출됐으면 해요. 그래서 학업 성취도가 높고 경쟁이 센 학군보다 이쪽이 더 낫겠다고 생각했죠."

이 이야기를 들으며 필자는 '젊은 부모들 가운데 이렇게 깨어 있는 사람이 있구나'라는 생각이 들어 아주 흐뭇했다. 그는 미래 사회를 대비하는 탁월한 안목을 갖추었다. 그의 말대로 앞으로는 대기업이나 큰 조직의 일자리는 점점 줄어들 수밖에 없다. 공부를 잘해서 그런 줄어드는 일자리를 간신히 얻을 수 있는 아이가 아니라면 빨리 방향 선회를 해서 다양한 세상을 경험하게 하고, 자기의 꿈과 끼를 찾게 해야 한다.

부의 마인드를 가진 좋은 멘토를 만나게 한다

특히 청소년기에는 좋은 롤 모델과 멘토가 중요한데, 결국 아이들은 자기가 본 사람, 만난 사람에게 영향을 받을 수밖에 없다. 보거나 만나지 못하는 경우 책을 통해 간접 경험을 할 수 있지만, 아무래도 영향은 직접 만나는 것에 미치지 못한다. 먼저 부모가 부의 마인드를 갖고 삶의 본을 보여 준다. 본인이 그런 마인드가 약하고, 역량이 부족하다면 부자 아빠들과 만날 수 있는 기회를 자주 갖게 하는 것도 좋은 방법이다.

한 지인은 자기 개발 강의와 독서 모임에 아이를 자주 데리고 가는데, 아이가 그 모임을 이끄는 한 외식 업체 대표를 좋아하게 되었다. 한 번은 모임이 끝나고 집에 오는 길에 아이에게 물었다.

"○○는 왜 그 대표님이 좋아?"

"왜냐면요. 그 대표님은 돈도 많이 버는데 검소하고, 부지런하고, 책도 많이 읽으시잖아요. 전에는 공부만 하면 너무 재미없고, 자기만 아는 사람이 되는 줄 알았어요. 그런데 대표님을 보고 '저렇게 똑똑하고 책도 많이 읽는데 돈도 많이 벌고, 다른 사람에게 친절한 사람도 있구나'라는 걸 알게 됐어요."

이 아이는 실제로 고등학교 졸업 후 대학에 가지 않고, 그 대표에게 코칭을 받으며 일을 배우고 있다. 제일 먼저 배운 코칭이 몸을 만들라는 것이었다.

"공부를 하든 일을 하든 제일 중요한 게 몸이다. 근데 아저씨가 보니, ○○는 몸이 너무 약한 것 같아. 아저씨가 좋은 트레이너 소개시켜 줄 테니, 3개월 동안 열심히 운동해서 네가 변화된 모습을 보여 줘 봐. 그러면 그 다음 어떻게 해야 하는지 또 알려줄게."

사실 우리 교육 현장에서 열심히 시도하고 있는 '꿈과 끼 교육'의 이상적인 모습이 바로 이것이다. 자기의 롤 모델을 찾아 그 밑에서 도제식으로 배우며 사회를 배워 나가는 방법이다. 이론적으로 직업을 탐구하고, 관심도 없는 공장이나 산업 시설을 견학하는 것만으로는 부족하다.

어떻게 해야 할지 막막하다면 아이가 생각하는 진로에서 좋은 롤 모델을 많이 찾게 하는 것도 좋은 출발이다. 공부 쪽이 아니라는 판단이 든 가정은 빨리 방향 전환을 해서, 위에서 좋은 실천을 하고 있는 가정처럼 나름의 도전을 시작하길 권한다.

마지막으로 돈과 부에 대한 올바른 마인드를 전해 주는 일은 부자 아빠들뿐 아니라 대다수의 평범한 아빠들도 가능하다. 할아버지나 조상들이 나에게 전해 주지 못한 부의 마인드를 좋은 멘토나 롤 모델을 통해서 전수받게 하는 것은 그리 많은 돈이 들지 않는다. 책을 읽고, 좋은 강연을 들으러 다니면 된다. 그것도 힘들다면 유튜브에도 수많은 영상이 있다. 부자나 가난한 사람들이나 자녀에게 올바른 경제 교육을 시키는 방법은 본질적으로 같다. 돈보다 마인드를 전해 주는 것이고, 물고기를 주기보다 물고기 잡는 법을 가르쳐 주는 것이다.

⊕⊖⊗⊘ **바로 실천하기**

1. 아이가 집안일을 하거나 벼룩시장에 물건을 팔거나 하는 작은 경제 활동을 통해 직접 돈을 벌어 보는 경험을 갖게 한다.
2. 가능한 할부로 물건을 사지 않는다. 대출을 무리하게 받아 형편에 맞지 않는 전세를 구하거나 집을 사는 일도 피한다. 아이에게 우리 집 경제 사정을 잘못 인식하게 할 가능성이 높다. 집안의 경제 사정을 솔직히 이야기하고, 부모의 노후 준비나 이후 자산의 상속, 증여에 대한 이야기를 틈틈이 아이와 나눈다.
3. 좋은 강연이나 독서 모임에 아이와 같이 다니며, 바람직한 부자의 모습이나 좋은 롤 모델을 찾을 기회를 갖는다.

06

가족과 함께 한 해를 마무리하고
새해를 준비한다

연예인 수상 소감을 들으며 한 해를 마무리해야 하나

평범한 우리네 가정에서 연말연시를 보내는 일반적인 풍경은 TV로 연예인들의 시상식을 보거나 올해의 10대 뉴스를 보고 한 해를 정리하는 모습이다. 필자는 어느 순간 '왜 내가 가수나 배우들의 수상 소감을 들으며 한 해를 마무리해야 하나?'라는 회의가 들었다. 그래서 무언가 가족이 연말연시를 의미 있게 보낼 수 있는 문화를 만들고 싶었고, 2010년부터 가족 중심의 송년 모임인 북파티(Book Party)를 진행하고 있다. '송년 북파티'는 필자가 운영하는 탈무드식 독서 토론 모임에서 하는 행사로 한 가정씩 나와서 한 해 동안 감사했던 일을 나누고, 읽은 책 중에 가장 좋았던 책 한 권을 소개한 후 다음 가정에게 그 책을 선물하는 행사이다. 북파티에 참석한 가정들의 후기를 보면 가족에 대한 감사의 마음을 공개적으로 나눌 수 있어서 좋았고, 의미 있는 책을 다른 가정에 선물하는 것도 뜻깊었다는 반응이다.

또한 12월 초에는 아이들과 함께 '미리 쓰는 자기소개서 특강'을 통해 다음 학기에 공부하거나 활동할 계획을 가상으로 미리 작성해 본다. 연말에는 그 내용을 돌이켜 보고, 매년 내용을 업데이트하는 시간을 갖는다. 한 해를 돌아보고 다음 한 해의 학교생활을 어떻게 하고, 진로를 어떻게 찾아갈지 아이와 함께 가정 중심으로 준비하는 시간이다.

2019년 송년 북파티에 함께한
탈무드식 독서 토론 가족들

북파티 책 나눔과 자소서 특강에서
사례를 발표한 시호네 가정

마지막으로 '사교육비 아껴서 가족 여행'이라는 필자의 제안을 실천하는 가정은 매년 연말에 3박 4일 일정으로 해외여행을 간다. 주로 따뜻한 동남아 휴양지로 가서 한 해를 정리하고, 새로운 신년 계획을 가족들과 나누고 돌아온다. 우리나라를 여행해도 되지만, 해외로 나가야 한국에서의 번잡함에서 벗어나고, 이런저런 송년 모임도 피하면서 조용히 한 해를 정리할 수 있기 때문에 돈이 좀 더 들더라도 해외로 간다.

이런 각자의 가정 활동에 더해, 필자는 유대인 가정의 연말연시 활동을 벤치마킹해 다음과 같은 우리 가정만의 연말연시 문화를 만들기를 권한다.

유대인의 신년 전통과 의미

유대인은 새해가 두 번이다. 우리의 음력과 비슷한 유대인 달력에 따르면, 우리의 음력 정월에 해당하는 첫 번째 달은 니산월(Nisan月)이고, 태양력으로 3월이나 4월쯤 된다. 그리고 7번째 달이 티쉬레이월(Tishrei月)인데, 신년절인 로쉬 하샤나는 티쉬레이월의 첫째 날이다.

왜 유대인은 두 개의 신년이 있는 걸까? 탈무드에서는 니산월에 창조주께서 세상의 설계도를 그렸고, 6번째 달인 엘룰(Elul)월에 창조를 시작했는데, 창조를 시작한 여섯 번째 날에 인간을 만들었고, 이 날이 바로 티슈레이월 1일이라고 말한다.

이런 의미를 가지고 기념하는 신년절인 로쉬 하샤나는 새해를 맞이하는 기쁨과 더불어, 한 해를 돌아보고 잘못을 회개하는 시간이기도 하다. 6번째 달인 엘룰월부터 새해 준비를 하는데, 로쉬 하샤나의 3대 정신은 회개(Tehhuvah), 기도(Tefillah), 자선(Tzedakah)이다.

먼저 한 해 동안의 잘못과 실수를 돌아보고 반성과 잘못을 범한 상대에게 용서를 구하는 시간을 갖는다. 이런 회개를 잘할 수 있도록 관련된 기도문을 매일 낭송한다. 그리고 의미 있는 곳에 기부하거나 선행을 베풀려고 한다. 조상의 묘를 찾거나 어려운 사람을 돕는 봉사 활동을 하기도 한다.

우리 가정만의 신년 전통 만들기

우리에게도 설날은 축제의 의미가 강하므로, 1월 1일은 유대인의 신년절을 참고해 좀 더 차분하고 진지하게 한 해를 돌아보고, 새해를 준비하는 시간으로 보내면 좋을 것 같다. 아래는 이런 의미에서 가족들과 같이 할 수 있는 활동의 예이다.

(1) 가족과 함께 한 해 돌아보기

연말연시 주말에 가족과 함께 한 해를 돌아보고 좋았던 점, 후회되는 점, 반성해야 할 점, 용서를 구할 사람 등에 대해 생각해 본다.

각자의 삶에서 가장 중요했던 사건을 5~10가지 정도로 발표하고, 가장 큰 사건이 무엇인지 이야기를 나눈다.

다음과 같은 질문 중에 우리 가정 상황에 맞는 질문을 골라 답하고 나눈다. 갑자기 한 해를 돌아보라고 하면 당황스럽고, 의미 있는 나눔이 될 수 없으므로, 모임 며칠 전부터 가족들에게 질문을 주고 한 해를 돌아보는 시간을 갖는다.

1. 올해 나의 삶에 있었던 가장 큰 사건 10가지(5가지)를 꼽는다면?
2. 올해 가장 감사하고 좋았던 일 한 가지는?
3. 올해 가장 후회되고 반성되는 일 한 가지는?
4. 올해 가장 신세를 많이 지고, 감사를 표하고 싶은 한 사람은?
5. 올해 가장 미안하고 용서를 구하고 싶은 한 사람은?

(2) 신세진 사람이나 미안한 사람에게 감사나 용서 편지(카드)쓰기, 혹은 선물하기

(1)번의 후속 활동으로 구체적인 감사나 용서를 구하는 내용을 표현하는 시간을 갖는다.

(3) 연말연시마다 가족이 같이 읽고 의미를 나눌 글이나 책 정하기

신앙이 있다면 신앙적 텍스트로, 신앙이 없는 가정이라면 인생의 의미를 생각해 볼 수 있는 좋은 글을 하나 정해 같이 소리 내서 읽고, 그 의미에 대해 나눈다.

유대인 가정에서 신년절과 다음 날(로쉬 하샤나는 2일에 걸쳐 진행된다)에 읽는 성경은 첫째 날에 창세기 이삭의 출생에 관한 내용이고, 둘째 날은 이삭을 번제로 드리는 부분이다.

(4) 한 해 정리하기

한 해 동안 아쉬웠던 섬이나 후회되는 내용을 적고, 그 내용을 찢어서 잘 정리해 태우거나 버리기

(5) 새해 목표 정하고 나누기

보물 지도 방식으로 시각화하거나 연말에 평가 가능한 구체적인 수치를 적는 것도 좋다.

예) 독서 100권 하기

　　독서 모임 10회 이상 나가기

　　스쿼트 하루에 100개 하기

　　몸무게 5kg 감량하기

(6) 새해 닮고 싶은 롤 모델을 정해서 그 사람의 유튜브 강연 영상을 같이 보고, 그 사람에 대해 소개하는 시간 갖기

예) 아버지: 유일한 박사

　　어머니: 박말례 여사

　　아들: 데니스 홍 박사

　　딸: 박완서 작가

(7) 가족과 함께 자선을 하거나 봉사 활동하기

구세군 자선냄비나 불우이웃돕기 성금뿐 아니라, 해마다 의미 있는 봉사 활동을 한 가지씩 정해서 가족이 함께 실천한다.

(8) 하루 또는 12시간 금식하며 한 해를 준비하기

몸을 비우고 정결하게 하는 의미에서 하루쯤 가족이 같이 금식하고, 한 해를 돌아보며 새해를 준비하는 시간을 갖는다. 금식한 비용은 자선 활동에 쓴다. 이때 음식의 금식뿐 아니라, 인터넷이나 사람들과의 만남도 차단하고 조용히 자신을 돌아보는 시간을 갖는다.

심샘의 Tip.

연말연시 가족이 함께 읽으면 좋은 책

앞에서 말한 대로 연말연시에 가족과 함께 읽고 낭독하면 좋은 고전이나 책을 정해 우리 가정의 전통으로 만든다.

- **고전**

  명심보감 계선편(繼善編)

  : '선이 작다고 해서 이를 행하지 않으면 안 되고, 악이 작다고 해서 이를 범해서는 안 된다'는 메시지 같이 선한 삶을 권면하는 내용으로 A4 1장 분량으로 5분 정도면 읽을 수 있다.

  《탈무드: 피르케이 아보트》, 여후다 하나시, 투미나스, 2017.

  : 피르케이 아보트는 유대인들이 안식일마다 반복해서 읽는 탈무드의 잠언집이라고 할 수 있다. 영문으로 된 전문도 인터넷에서 쉽게 찾을 수 있다.

- **그림책**

  《눈 깜짝할 사이》, 호무라 히로시, 사카이 고마코, 길벗출판사, 2018.

  : 우리의 시야와 시간의 의미에 대해서 생각하게 한다.

  《빨강이 어때서》, 사토신, 니시무라 도시오, 내인생의책, 2012.

  : 똑같음보다 각자의 개성을 존중해야 한다는 메시지

- **동화**

  《스갱 아저씨의 염소》, 알퐁스 도데, 파랑새어린이, 2013.

: 안전과 자유에 대한 선택을 이야기함

《어린 왕자》, 생텍쥐베리

: 설명이 필요 없는 고전, 동심의 눈으로 본 세상

《모모》, 미하엘 엔데

: 역시 설명이 필요 없는 고전. 정신없는 현대인에게 필요한 것은 여유와 대화

《일수의 탄생》, 유은실, 비룡소, 2013.

: 내 이야기 같은 일수의 세상 사는 이야기

《행운을 찾아서》, 세르히오 라이를라, 살림출판사, 2017.

: 행운과 불행은 동전의 양면이라는 진리를 되새겨 볼 수 있는 이야기

《아홉 살 마음 사전》, 박성우, 김효은, 창비, 2017.

: 새해에는 내 마음을 읽어 보자.

《마당을 나온 암탉》, 황선미, 사계절, 2002.

: 간절함과 소망은 사람을 변화시킨다.

《꿈을 요리하는 마법카페》, 김수영, 꿈꾸는지구, 2019.

: 꿈부자 언니가 주인공에게 전하는 꿈 이야기

《동화가 있는 철학 서재》, 이일야, 담앤북스, 2019.

: 30편의 동화를 소개하며 그 안에 담긴 삶에 대한 관점과 의미를 설명한다.

• 시집

《시 읽는 CEO》, 고두현, 21세기북스, 2016.

《지금 알고 있는 걸 그때도 알았더라면》, 류시화, 열림원, 2014.

《사랑하라 한 번도 상처 받지 않은 것처럼》, 류시화, 오래된미래, 2005.

교육은 삶을 준비하는 것이 아니라,

삶 그 자체이다.

– 잔 듀이

Education is not preparation for life;

education is life itself.

– John Dewey

에필로그

희망의 교육을
가정에서부터 시작하자

저는 지난 20여간 해 오던 입시 지도와 영어 강의를 접고, 지금은 전국을 다니며 입시와 교육에 관한 강의와 '역사 하브루타', '미래 스토리 교육'과 같은 우리 교육의 대안이 되는 책을 쓰고 있습니다. 지금까지 입시 경력을 바탕으로 대치동이나 강남에서 사교육을 하면 더 많은 돈을 벌 수 있을 텐데, 왜 그런 고생을 하냐는 분들도 있습니다. 그런 말을 들을 때마다 저도 '왜 내가 이런 일을 하고 있을까' 생각해 봅니다. 그때마다 제일 먼저 제 머릿속에 떠오른 것은 학원이나 학교 교실에서 엎어져 있는 아이들과 초점 없는 눈동자입니다. 좁은 교실을 벗어나 자기가 좋아하는 책을 읽고, 세상이라는 더 큰 배움터로 나가면 '이 귀한 아이들 모두가 자신이 좋아하고 잘하는 일을 찾아가며 행복하게 살 수 있을 텐데'라는 생각이 지난 20년간 머릿속에서 떠나지 않았습니다.

저는 우리나라 교육의 가장 큰 문제는 모든 아이들이 노력하면 공부를 잘할 수 있다는 착각이라고 생각합니다. 현재 우리나라의 공부는 국·영·수 문제지를 잘 푸는 공부입니다. 이를 잘하기 위해서는 암기력과 계산 능력이 좋고, 자기통제 능력이 있어야 합니다. 하지만 모든 아이들이 이런 능력을 가질 수 없습니다. 노력해서 끌어올리는 것도 한계가 있습니다.

이미 1980년대 미국 하버드대학 교육심리학 교수인 하워드 가드너는 아이들의 재능이 암기력과 계산 능력에 기초한 문제지 푸는 능력에만 국한되지 않는다고 했습니다. 신체운동, 음악, 공간지각, 인간친화, 자연친화, 자기성찰 등 하늘로부터 받은 재능은 각자의 색깔과 아름다움을 갖고 있습니다. 하지만 그의 '다중지능' 이론이 나온 지 40년이 지난 지금도 우리의 교실은 여전히 암기력과 계산 능력이 뛰어난 상위 10-15% 아이들만 기죽지 않고 학교를 다닐 수 있는 현실입니다.

그렇기 때문에 저는 꾸준히 진정한 '다중지능 교육'과 우리 아이들 하나하나의 개성에 맞는 '맞춤형 교육(customized education)'을 하기 위해서는 교육의 중심을 학교나 학원에서 가정으로 가져와야 한다고 강조합니다. 집에서 부모가 아이의 국·영·수를 가르쳐야 한다는 말이 아닙니다. 가정 중심으로 인성과 지혜교육을 하고, 집에서는 인지교육보다 아이의 공부 그릇을 길러 주는 데 힘써야 한다는 것입니다. 이런 토대 위에 아이는 부모나 다른 어른들의 간섭 없이 자신이 하늘에서 받은 재능을 꽃피워 나가고, 이 세상에 온 이유를 확인할 수 있습니다.

다행히 최근에 대두되고 있는 미래 일자리에 대한 고민은 새로운 교육에 대한 수요를 키우고 있습니다. 이제 공부를 어느 정도 해서 대학을 가고, 사회에 나와서 얻을 수 있는 일자리는 점점 줄어듭니다. 아이가 대부분의 삶을 살게 될 인공지능과 4차 산업 혁명이 본격화되는 시대는 우리가 아는 일자리의 반은 사라지고, 새로운 직업이 수 없이 생겨날 거라고 합니다. 이런 시대에 문제지를 풀고 하나만의 정답을 찾는 교육이 답이 될 수 없음에 공감하는 부모들이 늘고 있습니다.

문제의식에 공감하지만 '그러면 어떻게 해야 하는가?'에 대한 고민이 여전히 남습니다. 이 책은 바로 그런 질문에 대해 몸, 마음, 머리의 공부 그릇을 길러 주면 미래를 대비하는 답이 하나둘 보일 거라고 말합니다. 물론 쉬운 길은 아닙니다. 하지만 쉽지 않다고 포기하기에는 학원과 학교에서 엎어지는 아이들이 너무 많습니다. 그리고 넘치는 디지털 공해와 비인간적인 상술에 자기 색깔뿐 아니라 존재 의미조차 잃어 가는 아이들이 많습니다.

막상 해 보면 불가능한 길도 아닙니다. 본서에 실천 사례로 소개된 가정뿐 아니라, 많은 가정이 '가정 중심의 더 나은 교육'에 도전하고 있습니다. 이 책을 보고 새로운 희망을 발견한 가정들도 각자의 자리에서 실천해 보길 응원합니다.

마지막으로 제가 진행하는 강의와 독서 모임, 역사 하브루타(탈무드식 독서 토론) 모임에 참석해 새로운 교육에 도전하는 가족들에게 감사의 말씀을 드립니다. 특히 본서에 '가정에서의 실천 사례' 소개를 허락하고 사진을 보내 준 경원이네, 관우네, 준규네, 민규네, 시호네 가정에 큰 감사를 드립니다. 또한 제 책의 사례가 되어 준 저의 제자들에게도 감사의 마음을 전합니다. 그리고 더 나은 교육에 관심을 갖고, 지속적인 기획과 출판으로 희망의 교육을 전할 기회를 주시는 더디퍼런스의 조상현 대표님과 김주연 실장님, 좋은 책을 만들어 주신 더디퍼런스 가족과 디자인 IF에 다시 한 번 감사드립니다.

한 아이라도 더 행복한 교육이 이뤄지리라 믿습니다. 한 가정이라도 더 그 길을 함께 가길 원합니다.

참고문헌

EBS 제작팀, 《학교란 무엇인가 1, 2》 중앙북스, 2011.

게리 채프먼, 《5가지 사랑의 언어》, 생명의말씀사, 2010.

게리 채프먼, 《스마트폰에 빠진 아이들, 어떻게 가르칠 것인가?》, 생명의말씀사, 2015.

고리들(고영훈), 《인공지능 Vs. 인간지능 두뇌사용 설명서》, 행운출판사, 2015.

고리들(고영훈), 《인공지능과 미래인문학》, 행운출판사, 2017.

김주환, 《회복탄력성》, 위즈덤하우스, 2019.

김주환, 《그릿 GRIT》, 쌤앤파커스, 2013.

김지현, 《준규네 홈스쿨》, 진서원, 2019.

데이비드 호킨스, 《의식 혁명》, 판미동, 2011.

도널드 클리프턴, 톰 래스, 《위대한 나의 발견 강점혁명》, 청림출판, 2017.

마셜 로젠버그, 《비폭력대화》, 한국NVC 센터, 2017.

만프레드 슈피처, 《디지털 치매》, 북로드, 2013.

박왕근, 《수학이 안 되는 머리는 없다》, 양문, 2014.

박재연, 《엄마의 말하기 연습》, 한빛라이프, 2018.

박혜란, 《다시 아이를 키운다면》, 나무를심는사람들, 2013.

박혜란, 《믿는 만큼 자라는 아이들》(개정3판), 나무를심는사람들, 2013.

백금산, 《책 읽는 방법을 바꾸면 인생이 바뀐다》, 부흥과개혁사, 2002.

백금산, 《큰 인물 독서법》, 부흥과개혁사, 2005.

보도 섀퍼, 《열두 살에 부자가 된 키라》, 을파소, 2014.

사교육걱정없는세상, 《아깝다 영어 헛고생》, 우리학교, 2014.

사교육걱정없는세상, 《아깝다 학원비》, 비아북, 2010.

서안정, 《세 아이 영재로 키운 초간단 놀이육아》, 푸른육아, 2013.

서은국, 《행복의 기원》, 21세기북스, 2014.

서형숙, 《엄마 학교》, 큰솔, 2006.

성유미, 《돈을 아는 아이는 꾸는 꿈이 다르다》, 잇콘, 2020.

수 클리볼드, 《나는 가해자의 엄마입니다》, 반비, 2016.

악동뮤지션, 《목소리를 높여 high!》, 마리북스, 2014.

엘리 홀저(Elie Holtzer), 오릿 켄트, 《하브루타란 무엇인가》, 디씩스코리아, 2019.

이범, 《이범의 교육특강》, 다산에듀, 2009.

이성근, 주세희, 《오늘 행복해야 내일 더 행복한 아이가 된다》, 마리북스, 2014.

이승욱, 신희경, 김은산 《대한민국 부모》, 문학동네, 2012.

이요셉, 김채송화, 《머니패턴》, 비즈니스북스, 2019.

이임숙, 《엄마의 말공부》, 카시오페아, 2015.

이지안, 《초보 엄마 심리학》, 글항아리, 2019.

전성수, 《부모라면 유대인처럼 하브루타로 교육하라》, 예담프렌드, 2012.

전은주, 《초간단 생활놀이》, 북하우스, 2013.

전혜성, 《섬기는 부모가 자녀를 큰 사람으로 키운다》, 랜덤하우스, 2006.

전혜성, 《엘리트보다는 사람이 되어라》(개정판), 중앙북스, 2009.

전혜성, 《생의 목적을 아는 아이가 큰사람으로 자란다》, 센추리원, 2012.

정선주, 《학력파괴자들》, 프롬북스, 2015.

정재영, 《왜 아이에게 그런 말을 했을까》, 웨일북, 2019.

조엘 펄먼, 《아이를 변화시키는 두뇌 음식》, 이아소, 2008.

존 가트먼, 최성애, 조벽, 《내 아이를 위한 감정코칭》, 한국경제신문사, 2011.

최광현, 《가족의 두 얼굴》, 부키, 2012.

최승필, 《공부머리 독서법》, 책구루, 2018.

켄 블랜차드, 《춤추는 고래의 실천》, 청림출판, 2009.

하워드 가드너, 《다중지능》, 웅진지식하우스, 2007.

학교란무엇인가제작팀, 《학교란 무엇인가》, 중앙북스, 2011.

저자의 다른 서적

심정섭, 《학력은 가정에서 자란다》, 진서원, 2020.

심정섭, 《대한민국 학군지도》(개정판), 진서원, 2019.

심정섭, 《역사 하브루타》, 더디퍼런스, 2019.

심정섭, 《대한민국 입시지도》, 진서원, 2018.

심정섭, 《1% 유대인의 생각훈련》, 매경출판, 2018.

심정섭, 《초등 5·6학년 학군상담소》, 진서원, 2017.

심정섭, 《질문이 있는 식탁, 유대인 교육의 비밀》, 예담프렌드, 2016.

심정섭, 《강남에서 서울대 많이 보내는 진짜 이유》, 나무의 철학, 2014.

심정섭, 《스무 살 넘어 다시 하는 영어》, 명진출판, 2011.

미디어 및 인터넷 자료

유튜브: 심정섭 TV

네이버 블로그, 심정섭의 나누고 싶은 이야기 blog.naver.com/jonathanshim

네이버 카페, 심정섭의 학군과 교육 http://cafe.naver.com/newcre

네이버 카페, 더나음 연구소 cafe.naver.com/birthculture

EBS 육아학교 출연 영상 〈유대인에게 배우는 밥상머리교육법〉 (2016. 4. 1. 방송)

https://www.youtube.com/watch?v=pCS5pys39Xk&t=2602s

진정한 교육은 양동이에 물을 채우는 것이 아니라,
아이들 마음에 불을 붙이는 것이다.
– W.B. 예이츠

Education is not the filling of a pail,
but the lighting of a fire.
– W.B. Yeats